U0152190

心一堂術數古籍珍本叢刊

書名：蔣大鴻嫡傳天星選擇秘書注解三種
系列：心一堂術數古籍珍本叢刊　選擇類　蔣徒張仲馨三元真傳系列
第二輯 237
作者：【清】蔣大鴻原著、【清】楊臥雲、汪云吾、劉樂山註
主編、責任編輯：陳劍聰
心一堂術數古籍珍本叢刊編校小組：陳劍聰　素聞　梁松盛　鄒偉才　虛白盧主

出版：心一堂有限公司
網址：sunyata.cc
電話號碼：+852-6715-0840　+852-6633-7949
地址/門市：香港九龍旺角西洋菜南街五號好望角大廈一〇〇三室
電郵：sunyatabook@gmail.com
網上書店：http://book.sunyata.cc
網上論壇：http://bbs.sunyata.cc/
publish.sunyata.cc

版次：二零一六年十二月初版
平裝

定價：港幣　　　三百八十元正
　　　人民幣　　三百八十元正
　　　新台幣　　一千四百九十八元正

國際書號：ISBN 978-988-8317-50-9

版權所有　翻印必究

香港及海外發行：香港聯合書刊物流有限公司
地址：香港新界大埔汀麗路三十六號中華商務印刷大廈三樓
電話號碼：+852-2150-2100
傳真號碼：+852-2407-3062
電郵：info@suplogistics.com.hk

台灣發行：秀威資訊科技股份有限公司
地址：台灣台北市內湖區瑞光路七十六巷六十五號一樓
電話號碼：+886-2-2796-3638
傳真號碼：+886-2-2796-1377
網絡書店：www.bodbooks.com.tw

台灣讀者服務中心：國家書店
地址：台灣台北市中山區松江路二〇九號一樓
電話號碼：+886-2-2518-0207
傳真號碼：+886-2-2518-0778
網絡書店：http://www.govbooks.com.tw/

中國大陸發行・零售：心一堂書店
深圳地址：中國深圳羅湖立新路六號東門博雅負一層零零八號
電話號碼：+86-755-8222-4934
北京地址：中國北京東城區雍和宮大街四十號
心一店淘寶網：http://sunyatacc.taobao.com

心一堂術數古籍 珍本 整理 叢刊 總序

術數定義

術數，大概可謂以「推算（推演）、預測人（個人、群體、國家等）、事、物、自然現象、時間、空間方位等規律及氣數，並或通過種種『方術』，從而達致趨吉避凶或某種特定目的」之知識體系和方法。

術數類別

我國術數的內容類別，歷代不盡相同，例如《漢書・藝文志》中載，漢代術數有六類：天文、曆譜、五行、蓍龜、雜占、形法。至清代《四庫全書》，術數類則有：數學、占候、相宅相墓、占卜、命書、相書、陰陽五行、雜技術等，其他如《後漢書・方術部》、《藝文類聚・方術部》、《太平御覽・方術部》等，對於術數的分類，皆有差異。古代多把天文、曆譜、及部分數學均歸入術數類，而民間流行亦視傳統醫學作為術數的一環；此外，有些術數與宗教中的方術亦往往難以分開。現代民間則常將各種術數歸納為五大類別：命、卜、相、醫、山，通稱「五術」。

本叢刊在《四庫全書》的分類基礎上，將術數分為九大類別：占筮、星命、相術、堪輿、選擇、三式、讖諱、理數（陰陽五行）、雜術（其他）。而未收天文、曆譜、算術、宗教方術、醫學。

術數思想與發展──從術到學，乃至合道

我國術數是由上古的占星、卜筮、形法等術發展下來的。其中卜筮之術，是歷經夏商周三代而通過「龜卜、蓍筮」得出卜（筮）辭的一種預測（吉凶成敗）術，之後歸納並結集成書，此即現傳之《易

經》。經過春秋戰國至秦漢之際，受到當時諸子百家的影響、儒家的推崇，遂有《易傳》等的出現，原本是卜筮術書的《易經》，被提升及解讀成有包涵「天地之道（理）」之學。因此，《易·繫辭傳》曰：「易與天地準，故能彌綸天地之道。」

漢代以後，易學中的陰陽學說，與五行、九宮、干支、氣運、災變、律曆、卦氣、讖緯、天人感應說等相結合，形成易學中象數系統。而其他原與《易經》本來沒有關係的術數，如占星、形法、選擇，亦漸漸以易理（象數學說）為依歸。《四庫全書·易類小序》云：「術數之興，多在秦漢以後。要其旨，不出乎陰陽五行，生尅制化。實皆《易》之支派，傅以雜說耳。」至此，術數可謂已由「術」發展成「學」。

及至宋代，術數理論與理學中的河圖洛書、太極圖、邵雍先天之學及皇極經世等學說給合，通過術數以演繹理學中「天地中有一太極，萬物中各有一太極」（《朱子語類》）的思想。術數理論不單已發展至十分成熟，而且也從其學理中衍生一些新的方法或理論，如《梅花易數》、《河洛理數》等。

在傳統上，術數功能往往不止於僅僅作為趨吉避凶的方術，及「能彌綸天地之道」的學問，亦有其「修心養性」的功能，「與道合一」（修道）的內涵。《素問·上古天真論》：「上古之人，其知道者，法於陰陽，和於術數。」數之意義，不單是外在的算數、歷數、氣數，而是與理學中同等的「道」、「理」--心性的功能，北宋理氣家邵雍對此多有發揮：「聖人之心，是亦數也」、「萬化萬事生乎心」、「心為太極」。《觀物外篇》：「先天之學，心法也。⋯⋯蓋天地萬物之理，盡在其中矣，心一而不分，則能應萬物。」反過來說，宋代的術數理論，受到當時理學、佛道及宋易影響，認為心性本質上是等同天地之太極。天地萬物氣數規律，能通過內觀自心而有所感知，即是內心也已具備有術數的推演及預測、感知能力；相傳是邵雍所創之《梅花易數》，便是在這樣的背景下誕生。

《易·文言傳》已有「積善之家，必有餘慶；積不善之家，必有餘殃」之說，至漢代流行的災變說及讖緯說，我國數千年來都認為天災，異常天象（自然現象），皆與一國或一地的施政者失德有關；下

心一堂術數古籍珍本叢刊

二

至於家族、個人之盛衰，也都與一族一人之德行修養有關。因此，我國術數中除了吉凶盛衰理數之外，人心的德行修養，也是趨吉避凶的一個關鍵因素。

術數與宗教、修道

在這種思想之下，我國術數不單只是附屬於巫術或宗教行為的方術，又往往是一種宗教的修煉手段──通過術數，以知陰陽，乃至合陰陽（道）。「其知道者，法於陰陽，和於術數。」例如，「奇門遁甲」術中，即分為「術奇門」與「法奇門」兩大類。「法奇門」中有大量道教中符籙、手印、存想、內煉的內容，是道教內丹外法的一種重要外法修煉體系。甚至在雷法一系的修煉上，亦大量應用了術數內容。此外，相術、堪輿術中也有修煉望氣（氣的形狀、顏色）的方法；堪輿家除了選擇陰陽宅之吉凶外，也有道教中選擇適合修道環境（法、財、侶、地中的地）的方法，以至通過堪輿術觀察天地山川陰陽之氣，亦成為領悟陰陽金丹大道的一途。

易學體系以外的術數與的少數民族的術數

我國術數中，也有不用或不全用易理作為其理論依據的，如揚雄的《太玄》、司馬光的《潛虛》。也有一些占卜法、雜術不屬於《易經》系統，不過對後世影響較少而已。

外來宗教及少數民族中也有不少雖受漢文化影響（如陰陽、五行、二十八宿等學說。）但仍自成系統的術數，如古代的西夏、突厥、吐魯番等占卜及星占術，藏族中有多種藏傳佛教占卜術、苯教占卜術；北方少數民族有薩滿教占卜術；不少少數民族如水族、白族、布朗族、佤族、彝族、苗族等，皆有占雞（卦）草卜、雞蛋卜等術，納西族的占星術、占卜術，彝族畢摩的推命術、占卜術……等等，都是屬於《易經》體系以外的術數。相對上，外國傳入的術數以及其理論，對我國術數影響更大。

曆法、推步術與外來術數的影響

我國的術數與曆法的關係非常緊密。早期的術數中，很多是利用星宿或星宿組合的位置（如某星在某州或某宮某度）付予某種吉凶意義，并據之以推演，例如歲星（木星）、月將（某月太陽所躔之宮次）等。不過，由於不同的古代曆法推步的誤差及歲差的問題，若干年後，其術數所用之星辰的位置，已與真實星辰的位置不一樣了；此如歲星（木星），早期的曆法及術數以十二年為一周期（以應地支），與木星真實周期十一點八六年，每幾十年便錯一宮。後來術家又設一「太歲」的假想星體來解決，是歲星運行的相反，週期亦剛好是十二年。而術數中的神煞，很多即是根據太歲的位置而定。又如六壬術中的「月將」，原是立春節氣後太陽躔娵訾之次而稱作「登明亥將」，至宋代，因歲差的關係，要到雨水節氣後太陽才躔娵訾之次，當時沈括提出了修正，但明清時六壬術中「月將」仍然沿用宋代沈括修正的起法沒有再修正。

由於以真實星象周期的推步術是非常繁複，而且古代星象推步術本身亦有不少誤差，大多數術數除依曆書保留了太陽（節氣）、太陰（月相）的簡單宮次計算外，漸漸形成根據干支、日月等的各自起例，以起出其他具有不同含義的眾多假想星象及神煞系統。唐宋以後，我國絕大部分術數都主要沿用這一系統，也出現了不少完全脫離真實星象的術數，如《子平術》、《紫微斗數》、《鐵版神數》等。後來就連一些利用真實星辰位置的術數，如《七政四餘術》及選擇法中的《天星選擇》，也已與假想星象及神煞混合而使用了。

隨着古代外國曆（推步）、術數的傳入，如唐代傳入的印度曆法及術數，元代傳入的回回曆等，其中我國占星術便吸收了印度占星術中羅睺星、計都星等而形成四餘星，又通過阿拉伯占星術而吸收了其中來自希臘、巴比倫占星術的黃道十二宮、四大（四元素）學說（地、水、火、風），並與我國傳統的二十八宿、五行說、神煞系統並存而形成《七政四餘術》。此外，一些術數中的北斗星名，不用我國傳統的星名：天樞、天璇、天璣、天權、玉衡、開陽、搖光，而是使用來自印度梵文所譯的：貪狼、巨

門、祿存、文曲、廉貞、武曲、破軍等，此明顯是受到唐代從印度傳入的曆法及占星術所影響。如星命術中的《紫微斗數》及堪輿術中的《撼龍經》等文獻中，其星皆用印度譯名。及至清初《時憲曆》，置閏之法則改用西法「定氣」。清代以後的術數，又作過不少的調整。

此外，我國相術中的面相術、手相術，唐宋之際受印度相術影響頗大，至民國初年，又通過翻譯歐西、日本的相術書籍而大量吸收歐西相術的內容，形成了現代我國坊間流行的新式相術。

陰陽學──術數在古代、官方管理及外國的影響

術數在古代社會中一直扮演着一個非常重要的角色，影響層面不單只是某一階層、某一職業、某一年齡的人，而是上自帝王，下至普通百姓，從出生到死亡，不論是生活上的小事如洗髮、出行等，大事如建房、入伙、出兵等，從個人、家族以至國家，從天文、氣象、地理到人事、軍事，從民俗、學術到宗教，都離不開術數的應用。我國最晚在唐代開始，已把以上術數之學，稱作陰陽（學），行術數者稱陰陽人。（敦煌文書、斯四三二七唐《師師漫語話》：「以下說陰陽人謾語話」，此說法後來傳入日本，今日本人稱行術數者為「陰陽師」）。一直到了清末，欽天監中負責陰陽術數的官員中，以及民間術數之士，仍名陰陽生。

古代政府的中欽天監（司天監），除了負責天文、曆法、輿地之外，亦精通其他如星占、選擇、堪輿等術數，除在皇室人員及朝庭中應用外，也定期頒行日書、修定術數，使民間對於天文、日曆用事吉凶及使用其他術數時，有所依從。

我國古代政府對官方及民間陰陽學及陰陽官員，從其內容、人員的選拔、培訓、認證、考核、律法監管等，都有制度。至明清兩代，其制度更為完善、嚴格。

宋代官學之中，課程中已有陰陽學及其考試的內容。（宋徽宗崇寧三年〔一一零四年〕崇寧算學令：「諸學生習……並曆算、三式、天文書。」「諸試……三式即射覆及預占三日陰陽風雨。天文即預

定一月或一季分野災祥，並以依經備草合問為通。」

金代司天臺，從民間「草澤人」（即民間習術數人士）考試選拔：「其試之制，以《宣明曆》試推步，及《婚書》、《地理新書》試合婚、安葬，並《易》筮法，六壬課、三命、五星之術。」（《金史》卷五十一·志第三十二·選舉一）

元代為進一步加強官方陰陽學對民間的影響、管理、控制及培育，除沿襲宋代、金代在司天監掌管陰陽學及中央的官學陰陽學課程之外，更在地方上增設陰陽學課程（《元史·選舉志一》：「世祖至元二十八年夏六月始置諸路陰陽學。」）地方上也設陰陽學教授員，培育及管轄地方陰陽人。（《元史·選舉志一》：「（元仁宗）延祐初，令陰陽人依儒醫例，於路、府、州設教授員，凡陰陽人皆管轄之，而上屬於太史焉。」）自此，民間的陰陽術士（陰陽人），被納入官方的管轄之下。

至明清兩代，陰陽學制度更為完善。中央欽天監掌管陰陽學，明代地方縣設陰陽學正術，各州設陰陽學典術，各縣設陰陽學訓術。陰陽人從地方陰陽學肄業或被選拔出來後，再送到欽天監考試。（《大明會典》卷二二三：「凡天下府州縣舉到陰陽人堪任正術等官者，俱從吏部送（欽天監），考中，送回選用；不中者發回原籍為民，原保官吏治罪。」）清代大致沿用明制，凡陰陽術數之流，悉歸中央欽天監及地方陰陽官員管理、培訓、認證。至今尚有「紹興府陰陽印」、「東光縣陰陽學記」等明代銅印，及某某縣某某之清代陰陽執照等傳世。

清代欽天監漏刻科對官員要求甚為嚴格。《大清會典》「國子監」規定：「凡算學之教，設肄業生。滿洲十有二人，蒙古、漢軍各六人，於各旗官學內考取。漢十有二人，於舉人、貢監生童內考取。附學生二十四人，由欽天監選送。教以天文演算法諸書，五年學業有成，舉人引見以欽天監博士用，貢監生童以天文生補用。」學生在官學肄業、貢監生肄業或考得舉人後，經過了五年對天文、算法、陰陽學的學習，其中精通陰陽術數者，會送往漏刻科。而在欽天監供職的官員，《大清會典則例》「欽天監」規定：「本監官生三年考核一次，術業精通者，保題升用。不及者，停其升轉，再加學習。如能黽

勉供職，即予開復。仍不及者，降職一等，再令學習三年，能習熟者，准予開復，仍不能者，黜退。」

除定期考核以定其升用降職外，《大清律例》中對陰陽術士不準確的推斷（妄言禍福）是要治罪的。

《大清律例・一七八・術七・妄言禍福》：「凡陰陽術士，不許於大小文武官員之家妄言禍福，違者杖一百。其依經推算星命卜課，不在禁限。」大小文武官員延請的陰陽術士，自然是以欽天監漏刻科官員或地方陰陽官員為主。

官方陰陽學制度也影響鄰國如朝鮮、日本、越南等地，一直到了民國時期，鄰國仍然沿用着我國的多種術數。而我國的漢族術數，在古代甚至影響遍及西夏、突厥、吐蕃、阿拉伯、印度、東南亞諸國。

術數研究

術數在我國古代社會雖然影響深遠，「是傳統中國理念中的一門科學，從傳統的陰陽、五行、九宮、八卦、河圖、洛書等觀念作大自然的研究。……傳統中國的天文學、數學、煉丹術等，要到上世紀中葉始受世界學者肯定。可是，術數還未受到應得的注意。術數在傳統中國科技史、思想史、文化史、社會史，甚至軍事史都有一定的影響。……更進一步了解術數，我們將更能了解中國歷史的全貌。」（何丙郁《術數、天文與醫學中國科技史的新視野》，香港城市大學中國文化中心。）

可是術數至今一直不受正統學界所重視，加上術家藏秘自珍，又揚言天機不可洩漏，「（術數）乃吾國科學與哲學融貫而成一種學說，數千年來傳衍嬗變，或隱或現，全賴一二有心人為之繼續維繫，賴以不絕，其中確有學術上研究之價值，非徒癡人說夢，荒誕不經之謂也。其所以至今不能在科學中成立一種地位者，實有數因。蓋古代士大夫階級目醫卜星相為九流之學，多恥道之；而發明諸大師又故為恛恍迷離之辭，以待後人探索；間有一二賢者有所發明，亦秘莫如深，既恐洩天地之秘，復恐譏為旁門左道，始終不肯公開研究，成立一有系統說明之書籍，貽之後世。故居今日而欲研究此種學術，實一極困難之事。」（民國徐樂吾《子平真詮評註》，方重審序）

現存的術數古籍，除極少數是唐、宋、元的版本外，絕大多數是明、清兩代的版本。其內容也主要是明、清兩代流行的術數，唐宋或以前的術數及其書籍，大部分均已失傳，只能從史料記載、出土文獻、敦煌遺書中稍窺一鱗半爪。

術數版本

坊間術數古籍版本，大多是晚清書坊之翻刻本及民國書賈之重排本，其中豕亥魚魯，或任意增刪，往往文意全非，以至不能卒讀。現今不論是術數愛好者，還是民俗、史學、社會、文化、版本等學術研究者，要想得一常見術數書籍的善本、原版，已經非常困難，更遑論如稿本、鈔本、孤本等珍稀版本。

在文獻不足及缺乏善本的情況下，要想對術數的源流、理法、及其影響，作全面深入的研究，幾不可能。

有見及此，本叢刊編校小組經多年努力及多方協助，在海內外搜羅了二十世紀六十年代以前漢文為主的術數類善本、珍本、鈔本、孤本、稿本、批校本等數百種，精選出其中最佳版本，分別輯入兩個系列：

一、心一堂術數古籍珍本叢刊
二、心一堂術數古籍整理叢刊

前者以最新數碼（數位）技術清理、修復珍本原本的版面，更正明顯的錯訛，部分善本更以原色彩色精印，務求更勝原本。并以每百多種珍本、一百二十冊為一輯，分輯出版，以饗讀者。

後者延請、稿約有關專家、學者，以善本、珍本等作底本，參以其他版本，古籍進行審定、校勘、注釋，務求打造一最善版本，方便現代人閱讀、理解、研究等之用。

限於編校小組的水平，版本選擇及考證、文字修正、提要內容等方面，恐有疏漏及舛誤之處，懇請方家不吝指正。

心一堂術數古籍 珍本 整理 叢刊編校小組

二零零九年七月序
二零一四年九月第三次修訂

天元第五歌趙擇篇

天星擇日篇

造命約言

蓁照堂傳

心一堂術數古籍珍本叢刊　選擇類　蔣徒張仲馨三元真傳系列

太極既判圖

月　　日

金　　水

土

火　　木

人

太極生土　形質已具　乃曰太極

太素生金　有質未有　體曰太素

太始生木　有形未有　質曰太始

太初生火　有氣未有　形曰太初

太易生水　未有氣　曰太易

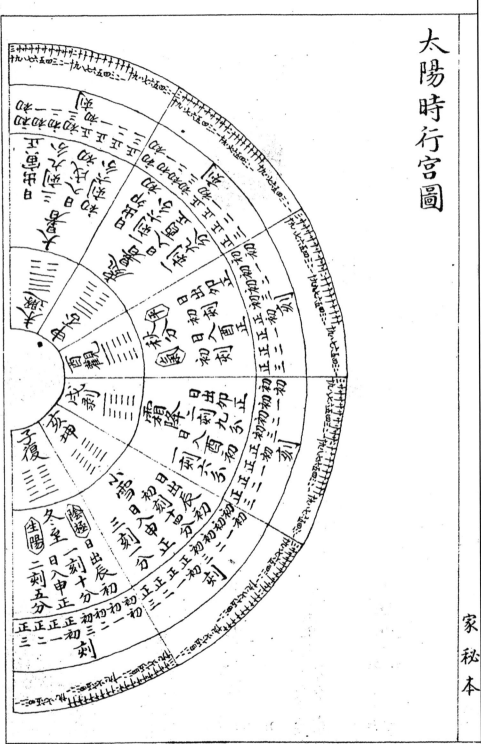

太陽時行宮圖

八

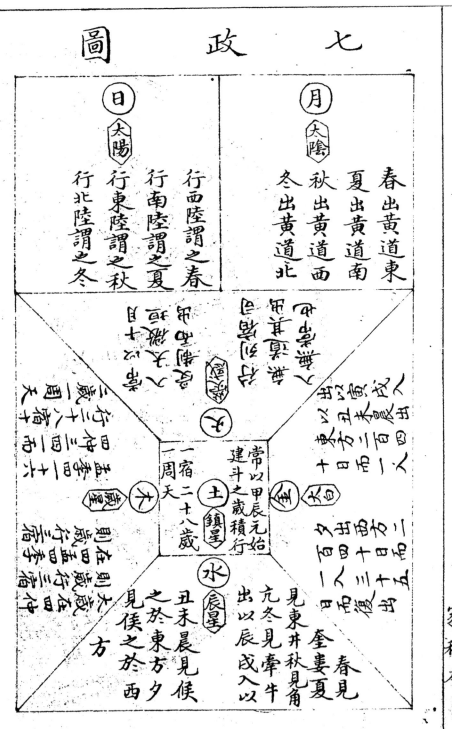

子宮

正三刻	正二刻	正一刻	正初刻	初三刻	初二刻虛	初一刻虛	初初刻
牛初度一二三四	牛五六七	女初度一	二三四五	六七八九十	一二三四	虛初度一二三四	五六七八九

山垣論宮配地屬土若立命於左牛初至牛五度上則論度之氣淺受宮之氣淺當以金星為命主若立命於右虛四至虛九度上退宮之氣衝六論度配即當以太陽為命主惟立命躔中十八度上定宮之氣深則論宮屬此當以此星為命主其受氣深淺論宮論度之故下十一宮同例

玄　拐　之　次

凡例

一是編選擇造命所用也凡註中所推演。

一盡是書中未暢之旨亦有書中無此意義而偶然旁及者。其間本末相關不可闕者爾。

一擇日先查七政日月木火土金水炁孛羅計過宮躔度。

一建宅造塋首重坐山作向重向修方重方。先查太陽其月或拱向關山或輔山

七

藜照堂傳

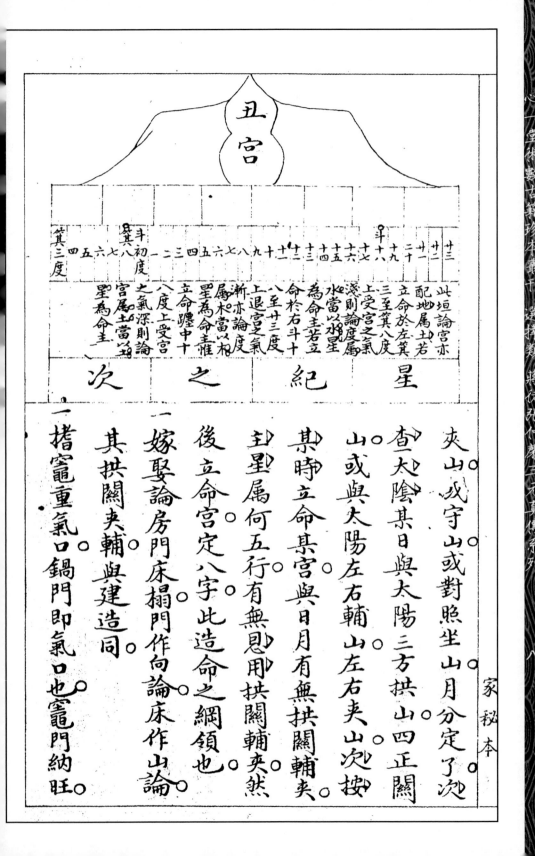

丑宮

箕三度　其四五六七八初度　斗初一二三四五六七八九十　十一十二十三十四十五十六十七十八十九二十　廿一　廿二　廿三

箕　　　　斗

山垣論宮亦配地屬土若立命於左箕三至箕八度上受宮之氣淺則論度屬水當以水星為命主若立命於右斗十八至廿三度上退宮之氣屬水當以水星為命主糎漸亦論度立命躔中十八度上受宮之氣深則論宮屬土當以土星為命主也

星　紀　之　次

夾山戌守山或對照坐山月分定了沈。

查太陰其日與太陽三方拱山四正關。

山或與太陽左右輔山左右夾山沈然按

某時立命其宮與日月有無拱關輔夾。

卦星屬何五行有無恩用拱關輔夾然。

後立命宮定。

一造命宮定八字此造命之綱領也。

一嫁娶論房門床榻門作向論床作山論。

其拱關夾輔與建造同。

一搭竈重氣口鍋門即氣口也竈門納旺。

八

寅宮

房一度	心二	心三	心四	心初	尾一	尾二	尾三	尾四	尾五	尾六	尾七	尾初	一	二	三	四	五	六	七	八	九	十	十一	十二	尾十三	十四	箕初	一	二

此垣論宮配督屬秒若立命於左房一至房四度上酉日當以陽為命主命於右尾十二至廿四度為命主若立肺為命主命於心初至心一度上配陽為命主立命於心若上屬火當以火墨為命主命於箕初二至箕二度立命於箕初屬水當以相星為命主八度則論宮立命躔中十八度則論宮屬木當以相雖為命主

析　木　之　次

氣口趨生更立命宮。取吉星拱關輔夾。

一甲子乙丑丙寅丁卯戊辰己巳庚午辛
未壬申癸酉甲戌乙亥丙子丁丑戊寅
己卯庚辰辛巳壬午癸未甲申乙酉丙
戌丁亥戊子己丑庚寅辛卯壬辰癸巳
甲午乙未丙申丁酉戊戌己亥庚子辛
丑壬寅癸卯甲辰乙巳丙午丁未戊申
己酉庚戌辛亥壬子癸丑甲寅乙卯丙
辰丁巳戊午己未庚申辛酉壬戌癸亥。

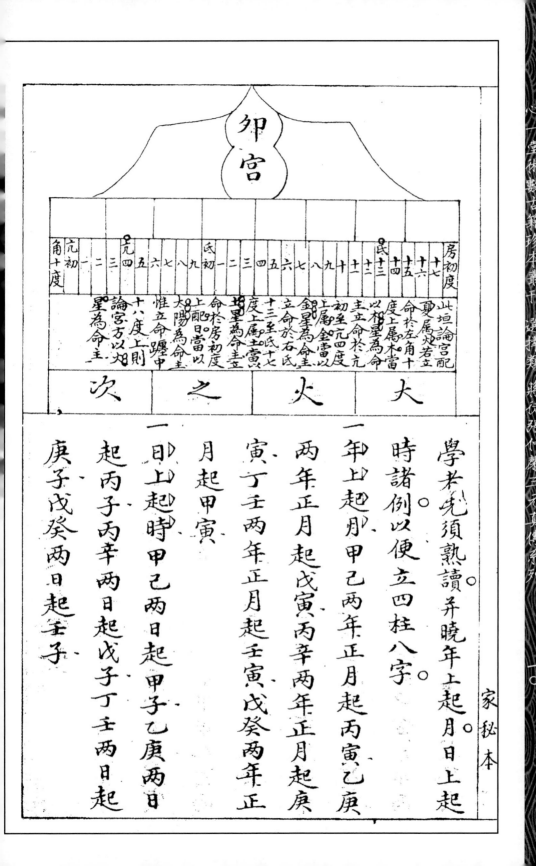

卯宮

房初度	十七	十六	十五	十四	氐十三	十二	十一	十	九	八	七	六	五	氐初四	三	二	亢初一	角十度

此垣論宮配夏屬火若立命於左角十度上屬木當以杖星為命主初至命於四度上屬金當以金星為命主立命於氐亢十三至氐七初度上屬土當命於房初度上配日當以太陽為命主惟立命躔中十六度上則以炻星為命主論宮方以

大火之次

學者先須熟讀。并曉年上起月。日上起時諸例。以便立四柱八字。

一年上起那、甲己兩年正月起丙寅乙庚兩年正月起戊寅丙辛兩年正月起庚寅丁壬兩年正月起壬寅戊癸兩年正月起甲寅。

一日上起時甲己兩日起甲子乙庚兩日起丙子丙辛兩日起戊子丁壬兩日起庚子戊癸兩日起壬子、

辰宮

翼十度	十一	十二	十三	軫十四	十五	十六	軫初	一	二	三	四	五	六	七	八	九	十	十一	十二	角初	一	二	三	角四	五	六	七	八	九

壽　星　之　次

此垣論宮配
秋屬金若立
命於左丑上
至十五度上
屬火當以火
星為命主若
宮為日未宮
立命於右角
四度至角九
度上屬木當
以木星為命
主惟立命於
中十八度上
則論宮屬金
方以金星為
命主

一宮分𨀯屬子丑兩宮土寅亥兩宮木卯
戌兩宮火辰酉兩宮金巳申兩宮水午
宮為日未宮為月
一度數所屬角木蛟十度亢金龍九度氐
土貉十七度房日兔四度心月狐七度
尾火虎十四度箕水豹八度斗木獬二
十三度牛金牛七度女土蝠十一度虛
日鼠九度危月燕十九度室火猪十四
度壁水獝十三度奎木狼十度婁金狗

巳宮

| 星六度 | 張七 初一 | 二 | 三 | 四 | 五 | 六 | 七 | 八 | 九 | 十 | 十一 | 十二 | 十三 | 十四 | 十五 | 十六 | 十七 | 翌初一 | 二 | 三 | 四 | 五 | 六 | 七 | 八 | 九 |

水星為命主
宮屬水方以
十八度則論
惟立命躔中
對星為命主
九度上當以
主若立命於
以太陰為命
張初配月當
度上當室
張初至張三
命主立命於
當以太陽為
七度上配日
命於在星六
冬屬水若立
此垣論宮配

鶉　尾　之　次

十二度胃土雉十二度昴日雞八度畢
月烏十三度參水猿只初度觜火猴十
一度井木犴二十九度鬼金羊四度柳
土獐十六度星日馬七度張月鹿十七
度翼火蛇十六度軫水蚓十二度每宿
各加一初度周天凡三百六十度
二十八宿分布十二宮角亢九度始於
辰十過卯宮亢氐房一心尾箕寅位
箕三臨丑斗同行牛女虛兮俱在子危

家秘本

午宮

井廿八 廿九度	鬼初一二三	柳初一二三四												星初一二三四五

此垣論宮配
秘為即若立
命於左井廿
八廿九度上
屬木當以相
星為命主立
命於鬼初至
鬼三度上屬
金當以金星
為命主若立
命於右星初
至星五度上
配日當以太
為命主惟立
命躔中十八
度上則論宮
方以太陽為
命主

鶉

火

之

次

初過娵室九止室十壁奎居戌宮娵初
胃昴畢宮使昴四畢參觜胃昴十與
井來起址午井廿八鬼柳星星六張翼
巳宮分翼交十度聯軫宿還歸辰次足
天經

一二十八宿度數分十二宮今改用十二
月中氣為主故與前不合總之擇日必
用○本朝七政全書度數宮分方准
用○
一坐者枛生也木生火火生土土生金金

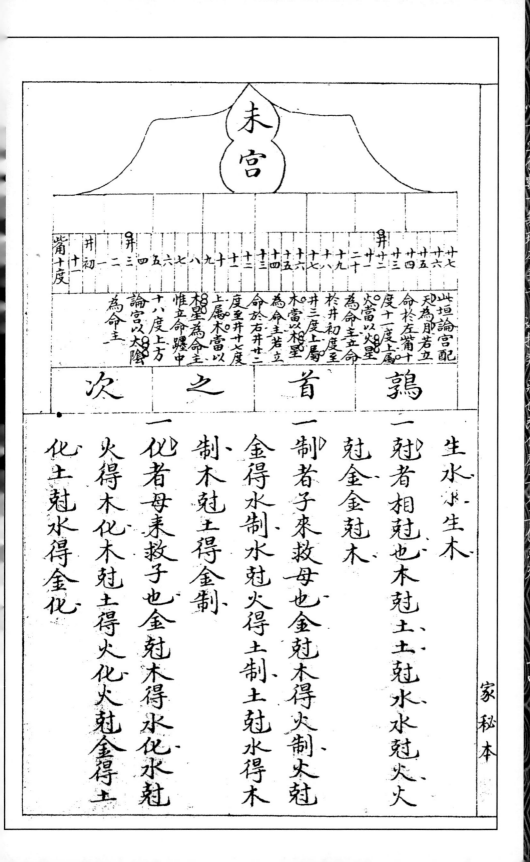

未宮

箕十度	井十一	初	一	二	三	四	五	六	七	八	九	十	十一	十二	十三	十四	十五	十六	十七	十八	十九	二十	廿一	廿二	廿三	廿四	廿五	廿六	廿七

為命主

論宮以太陰
為命主

惟立命躔中
十八度上方

根星為命主
上屬木當以
度至井十七度

命於右井廿二
柊井初度命
為命主至命

井三度上屬
水當以根星
為命主若立

火當以火星
為命主若立

命柊左箕十
度十度上屬
命柊左箕立

此垣論宮配
知為即若立

次　之　首　翡

生水水生木

一尅者相尅也木尅土土尅水水尅火火
尅金金尅木

一制者子來救母也金尅木得火制火尅
金得水制水尅火得土制土尅水得木
制木尅土得金制

一化者母來救子也金尅木得水化水尅
火得木化木尅土得火化火尅金得土
化土尅水得金化

家秘本

一四

申宮

昴四度	五	六	七	八	畢初度	一	二	三	四	五	六	七	八	九	十	十一	十二	十三	觜初度	一	二	三	參初度	一	二	三	四	五	六	七	八	九

此垣論宮亦配冬屬水。若立命於左昴四至昴八度上，配日，當以太陽為命主。度上配月，當立命於畢初，以太陰為命主。若立命於右觜四至觜九度上屬火，當以火星為命主。惟立命躔中十八度上，則論宮屬水，方以水星為命主。

實　沈　之　次

一對者，對照也。子午對照，丑未對照，寅申對照，卯酉對照，辰戌對照，巳亥對照。對照吉則吉，對照凶則凶。

一合者，合拱也。申子辰合拱，寅午戌合拱，巳酉丑合拱，亥卯未合拱。合拱吉則吉，合拱凶則凶。

一向者，向朝也。如日月向朝命宮命主恩用，向朝命宮命主身主。

一背者，背躔也。如羅計截諸星於東南，而

藜照堂傳

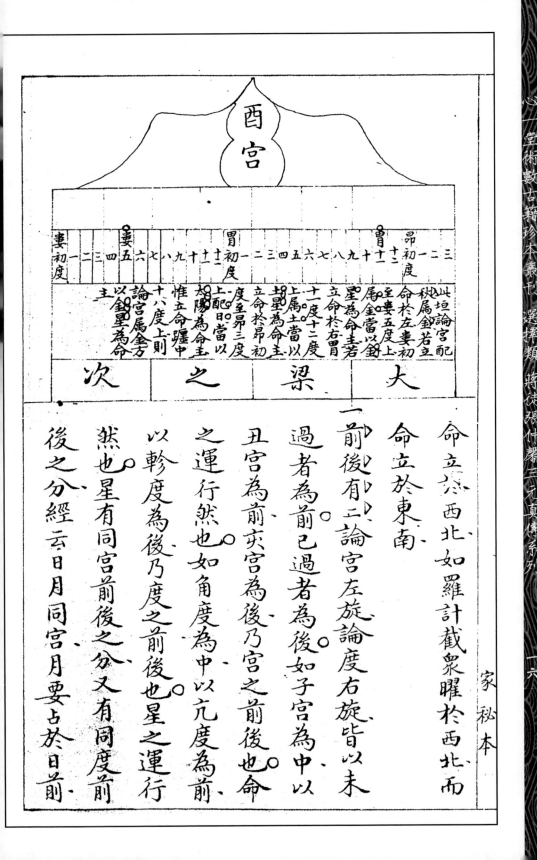

酉宫

妻初度	妻	胃初度	胃	昴初度	
一二三四	五六七八九十十一十二	一二三四五六七八九十	十一十二	一二三	

此垣論宫配秋屬金若立星為命主以

命於妻左立至妻五度上屬金當以銒

立命於右胃星為命主若屬金當以銒

立命於昴初度星為命主當以銒

度至昴三度上配日當以太陽為命躔中

惟立命躔中十八度上則以太陽為命

論宫屬金方以銒星為命主

大　梁　之　次

命立於西北、如羅計截眾曜於西北、而

命立於東南。

一前後有二、論宫左旋、論度右旋、皆以未
過者為前、已過者為後。如子宫為中、以
丑宫為前、亥宫為後、乃宫之前後也。命
之運行然也。如角度為中、以亢度為前、
以軫度為後、乃度之前後也。星之運行
然也。星有同宫前後之分、又有同度前
後之分。經云：日月同宫、月要占於日前、

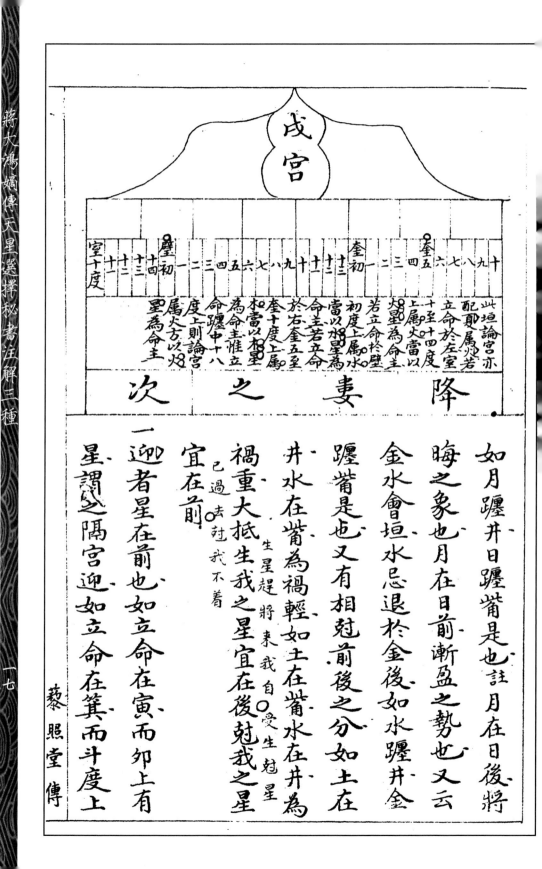

戌宮

室十度	壁 十四 十三 十二	壁初 一 二 三 四 五 六 七 八 九 十 十一 十二 十三	奎初 一 二 三 四	奎五 六 七 八 九 十

次　　之　　妻　　降

此垣論宮亦配即屬炒若立命於在室十至十四度上屬火富以炒為命主

若立命於壁初度上屬水富以水星為命主

若立命於右奎五至奎十度上屬金水富以金水星為命主惟立命躔中十八度上則論宮屬上方以炒星為命主

如月躔井日躔觜是也註月在日後將晦之象也月在日前漸盈之勢也又云金水會垣水忌退於金後如水躔井金躔觜是也又有相尅前後之分如土在井水在觜為禍輕如土在觜水在井為禍重大抵生我之星宜在後尅我之星〔生星趲將來我自受生○尅星己過去对我不着〕宜在前

一迎者星在前也如立命在寅而卯上有星謂之隔宮迎如立命在箕而斗度上

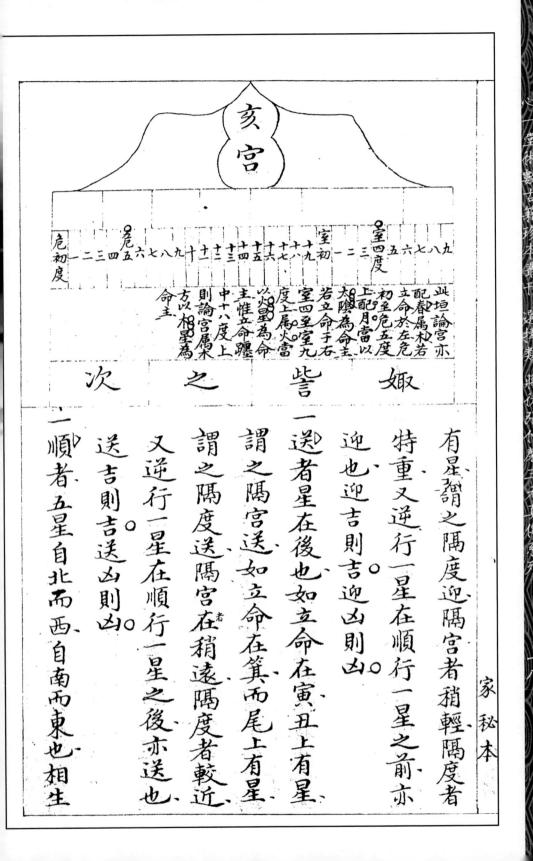

亥宮

危初度　危　一二三四五六七八九十十一十二十三十四　十五十六十七　十八十九　室初　一二三　室度　四五六七八九

此垣論宮亦
配督屬木若
立命於危
初至危五度
上配月宮以
太陽為命主
若立命于右
則論宮屬木
方以相星為
命主

室四至室九
度上屬火富
以火星為命
主惟立命躔
中十八度上

娵　訾　之　次

有星謂之隔度迎隔宮者稍輕隔度者

特重又逆行一星在順行一星之前亦

迎也迎吉則吉迎凶則凶。

一送者星在後也如立命在寅丑上有星

謂之隔宮送如立命在箕而尾上有星

謂之隔宮送隔宮在稍遠隔度者較近、

又逆行一星在順行一星之後亦送也、

送吉則吉送凶則凶。

二順者五星自北而西、自南而東也相生

六合五行論

楚溪曰六合五行配天地春夏秋冬天左旋日右行
日躔與月建相合故曰六合然有說焉地闢於丑故
屬土子與丑合是以二宮屬土木生於亥寅與亥合

	天		
冬	月	日	夏
水	羊五		火
金	六合子	行子	木
秋	丑	土	春
		地	

故二宮同木火庫居戌卯與戌合故二宮同火金本
西方辰與酉合故二宮同金水生在申巳與申合故
二宮同水午乃離明太陽火精未宮陰深太陰生之
午與未合二宮分配以成七政詳天元歌註

尤美

一逆者五星自北而東自南而西也相尅

九忌

一卯月亦左旋惟五星卻旋
一衰者春土夏金秋木冬火四季水忌為
命主然有恩用拱關輔夾不妨
一旺者春木夏火秋金冬水四季土宜為
命主然不更有恩星拱關輔夾方妙
一日月為命主身主其恩星用星即命宮

云吾云、天左旋、日右行、日躔與月建相附麗、所以
有六合、分左右方位以配七政所以有六合五行

之恩用。非另尋恩用也。至拱關輔夾與

命宮兩下交蔭此千古不傳之秘寶之

寶之。

按日月以金水為恩乃星宗之呆法也

勿從。

生尅以下、乃星家綱領也宜細推。

日月夾命

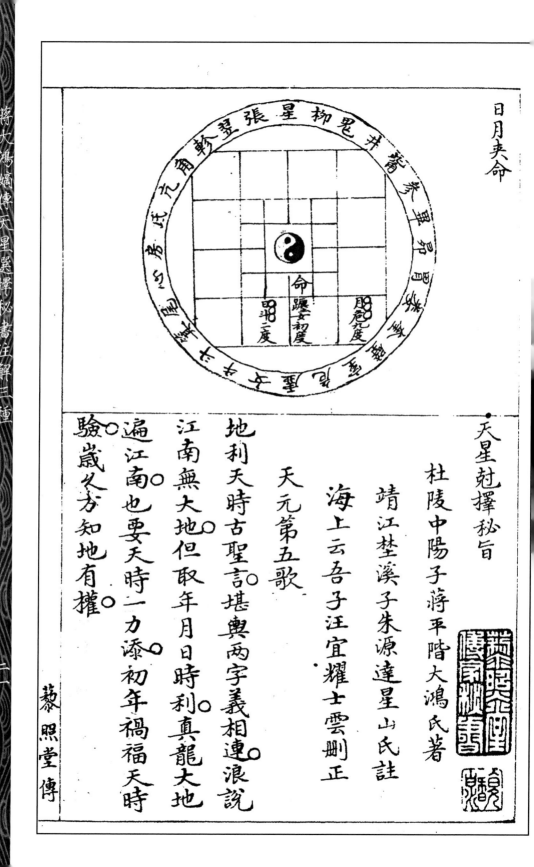

•天星冠擇秘旨

杜陵中陽子蔣平階大鴻氏著

靖江埜溪子朱源達星山氏註

海上云吾子汪宜耀士雲刪正

天元第五歌

地利天時古聖言。堪輿兩字義相連浪說

江南無大地但取年月日時利。真龍大地

遍江南也要天時一力添。初年禍福天時

驗。歲久方知地有權。

藜照堂傳

日月輔命

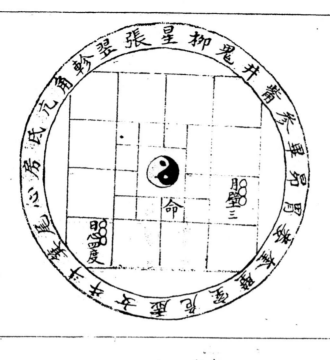

月望三

命

日四度

家叔本

右第二章言日時雖不及地氣亦司初

年禍福故當薰重。孟子曰天時不如

地利地利不如人和蔣氏用之以明天

星合地局為天時地局合元運為地利。

而積德累仁契合天地之為人和不待

言矣堪天道輿地道兩字義本相連謂

有地局必取天星缺一不可大地即合

元得局之地浪說放言也初年初葬年

裡年外也歲久葬下三年之後也凡人

日月關命

家起房造葬時日管初年禍福尤為術○

家最要緊處○

諸家尅擇最紛紜拘忌多端悞殺人此家○

言吉彼家凶對盡諸書總不同五載三年○

精一日萬般福曜總成空古来天子七月○

葵士庶踰月禮不曠年月何嘗有廢興日○

時只許論孤旺春秋葬日滿經書但辨剛○

柔内外宜禪竈慎梓皆博物豈昧陰陽誤○

萬機諸家選擇盡荒唐斗首元辰失主張○

黎照堂傳

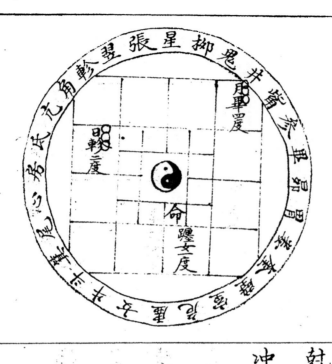

日月拱命

奇遁演禽皆倒亂不經神授莫猜詳世人

尅擇重干支生命亡命苦相持致使子孫

冲犯衆多年不葬孝心違。

右第二章歷辨諸家選擇之非。諸家

者何謂竅也馬也雷霆也四刹也尊帝

也鰲極也斗首也其類甚多言吉言凶。

將何去取勢必避假然而犯真然危險

極矣。古不云乎天子七月而葬諸侯五

月大夫三月士庶逾月而有一定之禮總

太陽照命

邠後更言

日躔度

命

張　星　柳　鬼　井　參　觜　畢　昴　胃　婁　奎　壁　室　危　虛　女　牛　斗　箕　尾　心　房　氐　亢　角　軫　翼

之年月俱無廢興。即日時亦只論孤虛
旺相。春秋所書葬日一循剛柔內外之
宜。其時如鄭國史官裨竈魯國史官梓
慎皆掌職天文而非昧於陰陽者然未
嘗創為干支神煞力爭趨避則其所重
自有在矣若夫專重干支將生命亡命
苦苦相持子孫愈眾而衝尅愈多以至
久遠停擱豈不為仁人孝子所痛心哉。
豈知虻者已無命反氣入地為復命復命（有生命順沒命復是曜）

藜照堂傳

太陰照命

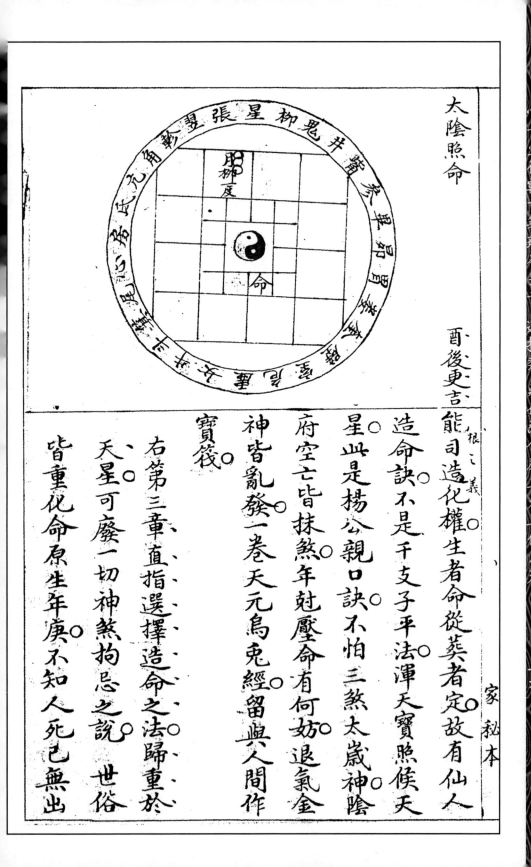

家秘本

酉後更吉

能司造化權生者命從葬者定故有仙人

造命訣不是干支子平法渾天寶照候天

星此是揚公親口訣不怕三煞太歲神陰

府空亡皆抹煞年尅壓命有何妨退氣金

神皆亂發一卷天元烏兔經留與人間作

寶筏

右第三章直指選擇造命之法歸重於

天星可廢一切神煞拘忌之說世俗

皆重化命原生年庚不知人死已無出

根之義

恩星夾命

陰令吉

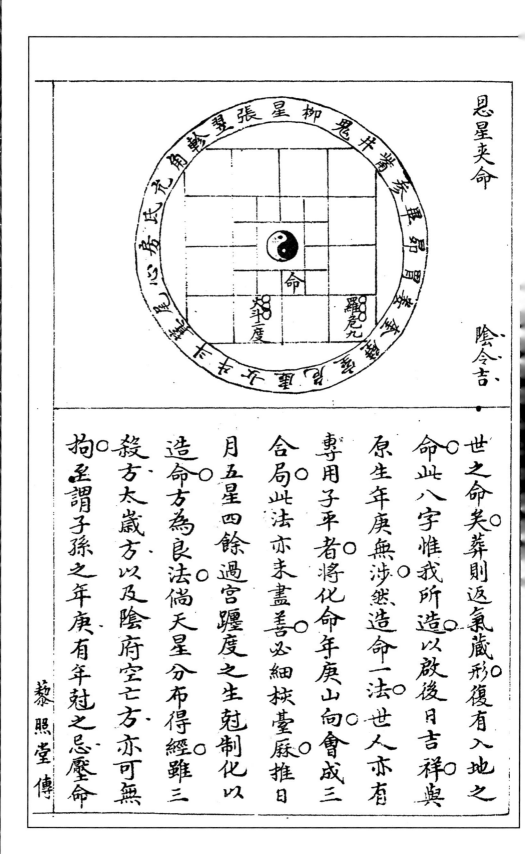

世之命美〇葬則返氣藏形復有入地之
命〇此八字惟我所造〇以啟後日吉祥與
原生年庚無涉〇然造命一法世人亦有
專用子平者〇將化命年庚山向會成三
合局〇此法亦未盡善〇必細挨臺歷推日
月五星四餘過宮躔度之生尅制化以
造命〇方為良法〇偏天星分布得經雖三
殺方太歲方以及陰府空亡方亦可無
拘〇孟謂子孫之年庚有年尅之忌壓命

黎照堂傳

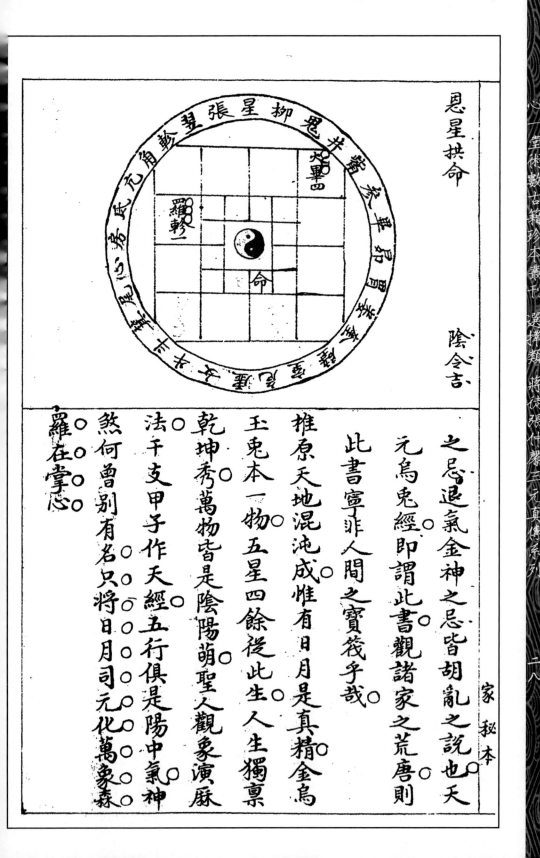

恩星拱命

陰令吉

命　羅計二　火曜四

二八

家秘本

之忌退氣金神之忌皆胡亂之說也天

元烏兔經即謂此書觀諸家之荒唐則

此書寧非人間之寶筏乎哉〇

推原天地混沌成惟有日月是真精金烏

玉兔本一物五星四餘從此生人生獨稟

乾坤秀萬物皆是陰陽萌聖人觀象演厤

法干支甲子作天經五行俱是陽中氣神

然何曾別有名只將日月司元化萬象森

羅在掌心〇〇〇

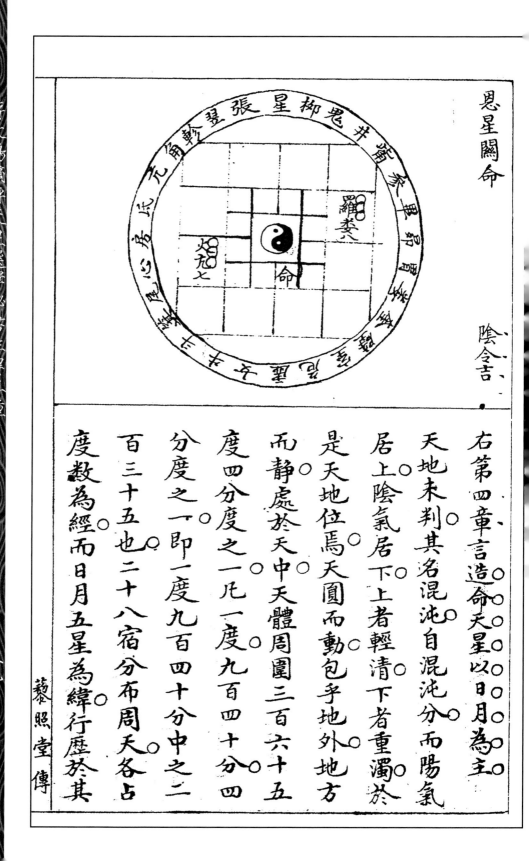

右第四章言造命天星以日月為主○
天地未判其名混沌自混沌分而陽氣
居上陰氣居下上者輕清下者重濁於
是天地位焉天圓而動包乎地外地方
而靜處於天中天體周圍三百六十五
度四分度之一凡一度九百四十分四
分度之一即一度九百四十分中之二
百三十五也二十八宿分布周天各占
度數為經而日月五星為緯行歷於其

恩星輔命

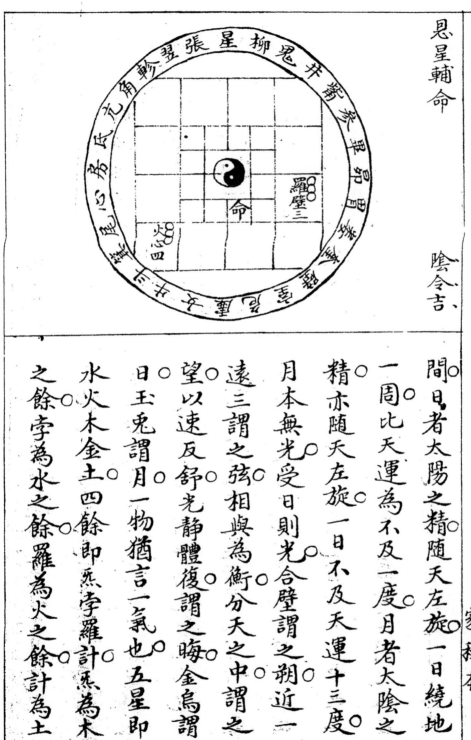

陰令吉、

家秘本

間曰者太陽之精隨天左旋一日繞地

一周比天運為不及一度月者太陰之

精亦隨天左旋一日不及天運十三度

月本無光受日則光合壁謂之朔近一

望以速反舒光靜體復謂之晦金烏謂

遠三謂之弦相與為衡分天之中謂之

日玉兔謂月一物猶言一氣也五星即

水火木金土四餘即炁孛羅計炁為木

之餘孛為水之餘羅為火之餘計為土

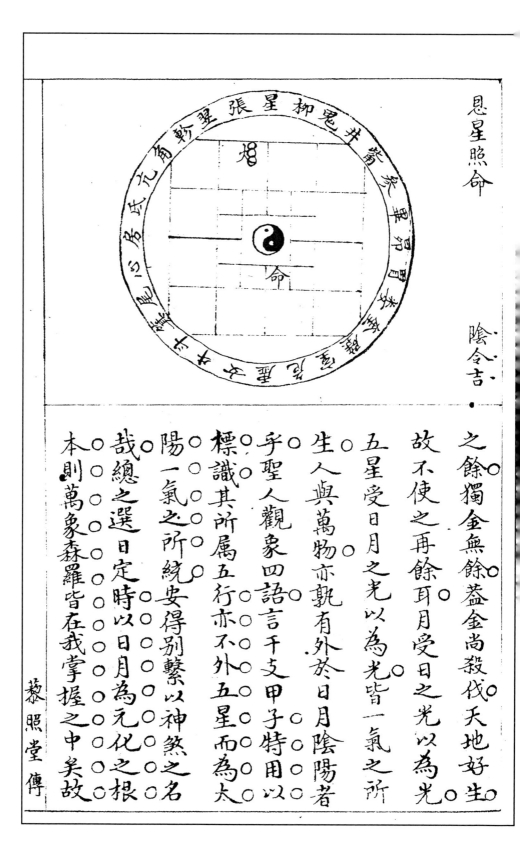

恩星照命

陰令吉·

之餘獨金無餘蓋金尚殺伐天地好生〇
故不使之再餘耳月受日之光以為光〇
五星受日月之光以為光皆一氣之所〇
生人與萬物亦孰有外於日月陰陽者〇
乎聖人觀象四語言干支甲子特用以〇
標識其所屬五行亦不外五星而為太〇
陽一氣之所統安得別繫以神煞之名〇
哉總之選日定時以日月為元化之根〇
本則萬象森羅皆在我掌握之中美故〇

蔡照堂傳

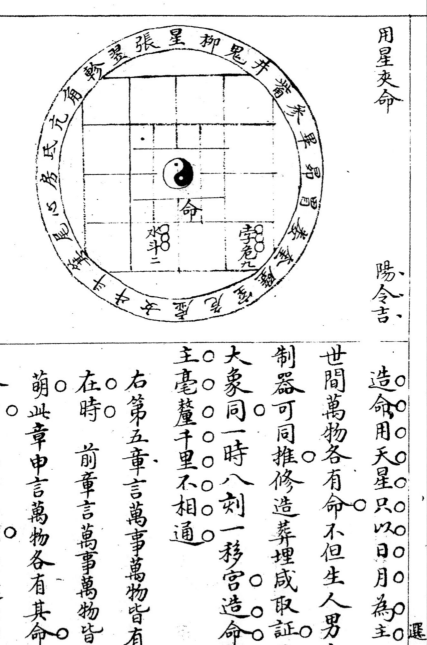

用星夾命

陽令吉

選家秘本

造命用天星只以日月為主○○○○○○○○○○○○○○○

世間萬物各有命不但生人男女定造物○○○○○○○○○

制器可同推修造葬埋咸取証日月五星○○○○○○○○○

大象同一時八刻一移宮造命玄機時作○○○○○○○○○

主毫釐千里不相通○○○○○○○○○○

右第五章言萬事萬物皆有命而所重○○○

在時　前章言萬事萬物皆是陰陽所

萌此章申言萬物各有其命不但人生○

於世有年月日時即造一物件制一器

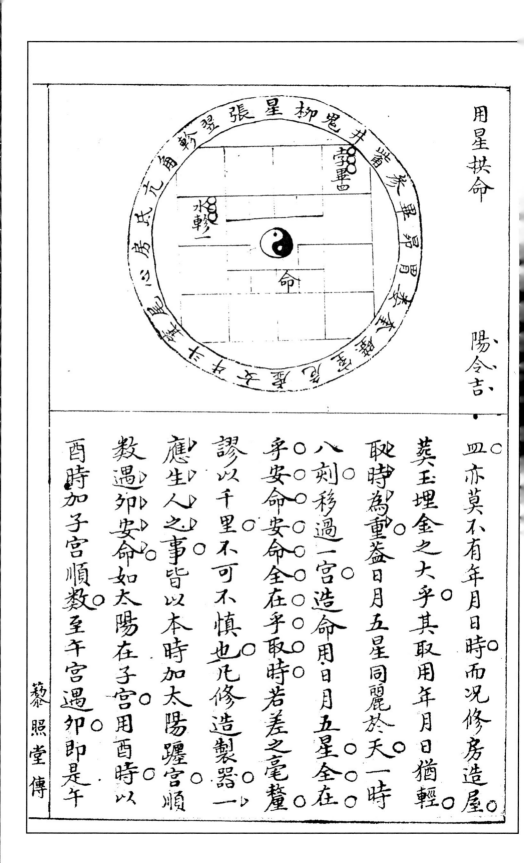

用星拱命

陽令吉

○亦莫不有年月日時而况修房造屋○

莫玉埋金之大乎其取用年月日猶輕○

取時為重蓋日月五星同麗於天一時

八刻移過一宮造命用日月五星全在○

孚安命安命全在乎取時若差之毫釐○

應生人之事皆以本時加太陽躔宮順○

謬以千里不可不慎也凡修造製器一○

數遇卯安命如太陽在子宮用酉時以○

酉時加子宮順數至午宮遇卯即是午

蔡照堂傳

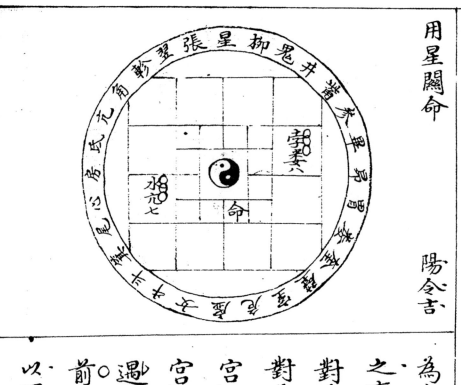

為命宮蓋日出在卯昭明之始故生人
之事以卯為安命又以太陽所躔之度
對着命宮之度如太陽躔子宮虛六度
對着午宮星三度即是命度太陽在子
宮女四度對着午宮柳五度皆是也他
宮倣此葬埋以本時加太陽躔宮順數
邊酉安命是為山命其命宮命度法同
前蓋日入在酉幽暗之始故歸隱之事
以酉為安命所謂安命全在乎取時者

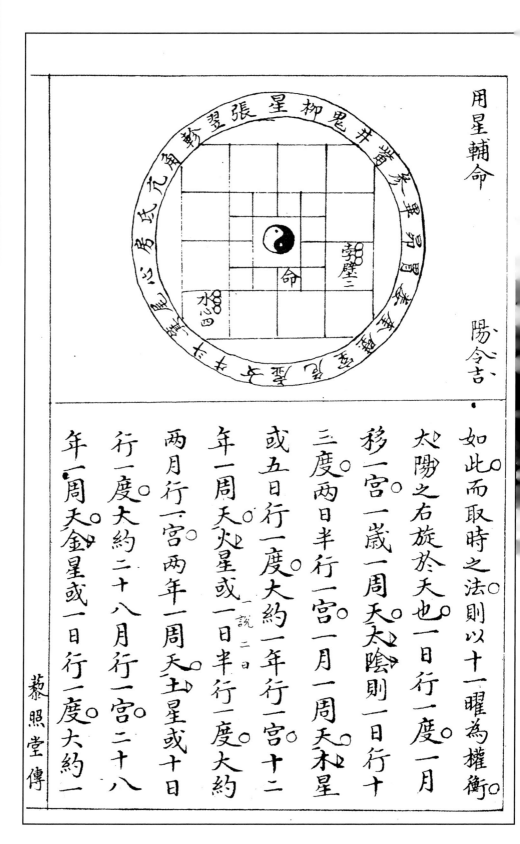

用星輔命

陽令吉。

如此而取時之法。則以十一曜為權衡。

太陽之右旋於天也。一日行二度。一月

移一宮。一歲一周天。太陰則一日行十

三度。兩日半行一宮。一月一周天。水星

或五日行一度。大約一年行一宮十二

年一周天。火星或一日半行一度大約〔一說二日〕

兩月行一宮。兩年一周天。土星或十日

行一度。大約二十八月行一宮。二十八

年一周天。金星或一日行一度。大約一

用星照命　　陽令

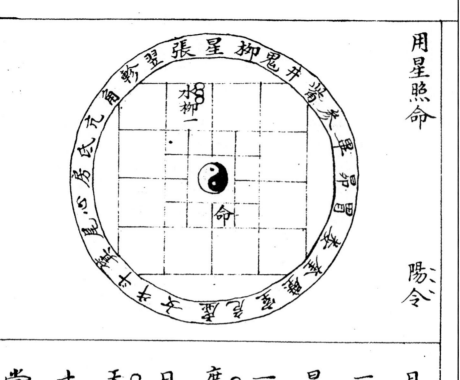

家秘本

月行一宮。一年一周天。水星或一日行
一度大約一月行一宮一年一周天。炁
星二十九日行一度。大約二十九月行
一宮二十九年一周天。孛星九日行一
度。九月行一宮。九年一周天。羅星十八
日行一度十八月行一宮。
天計星十八日行一度十八月行一宮。
十八年一周天。凡其每日所躔之度皆
當叅考以觀其合格與否舊臺麻太陰

恩星夾身

陰令酉後吉

自朔以後記其酺時一度。自望以後記
其朏時一度。謂之朔昏望晨。今御製臺
麻。太陰躔度皆從子時起尤便於查核。
此皆就所擇之日而考其右旋何如也。（日行度之右旋）
十一曜既定方可擇時。若制器造物但
須看一合格之宮可以恩用蕪收者而
擇一時焉以安命於其中。若修造葬理。
更當察日月恩用一時左移一宮而以
山向蕪收之造命約言內有云時行宮。

恩星拱身

陰令酉後

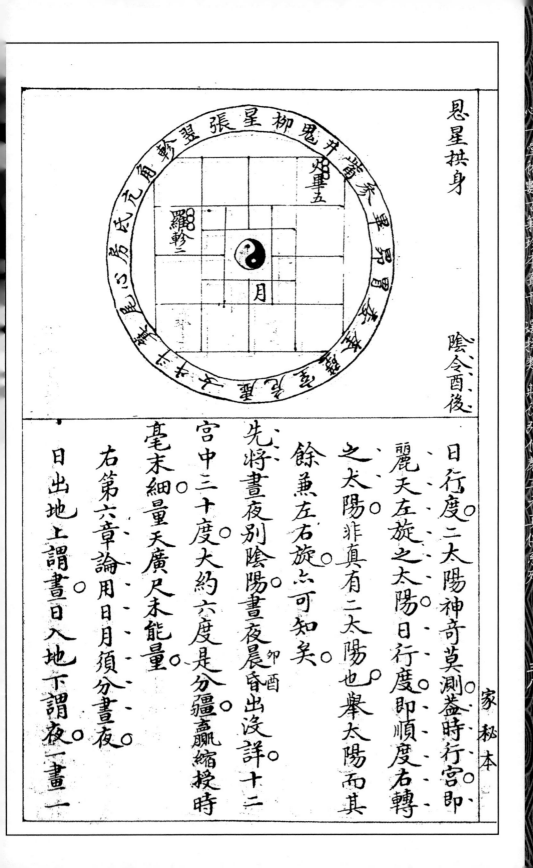

日行度。二太陽神奇莫測蓋時行宮即

麗天左旋之太陽日行度即順度右轉

之太陽非真有二太陽也舉太陽而其

餘燕左右旋点可知矣。

先將晝夜別陰陽晝夜晨昏出沒詳十二

卯酉

宮中三十度大約六度是分疆盈縮授時

毫末細量天廣尺未能量。

右第六章論用日月須分晝夜。

日出地上謂晝日入地下謂夜一晝一

恩星關身

陰令酉後

夜謂之一日。前章言造命以時作主。然

時又有晝夜之分。凡自卯至申為晝為

陽。自酉至寅為夜為陰。晝重日夜重月。

然太陽在四五月出寅入戌則寅酉亦

作陽時。至十月出辰入申則卯申亦作

陰時。晝夜統舉十二時而言晨昏專指

寅卯辰申酉戌而言太陽出入乃晝夜

短長晨昏早晚之所係。所以說晝夜晨

昏出沒詳也。分疆謂各省疆界不同而

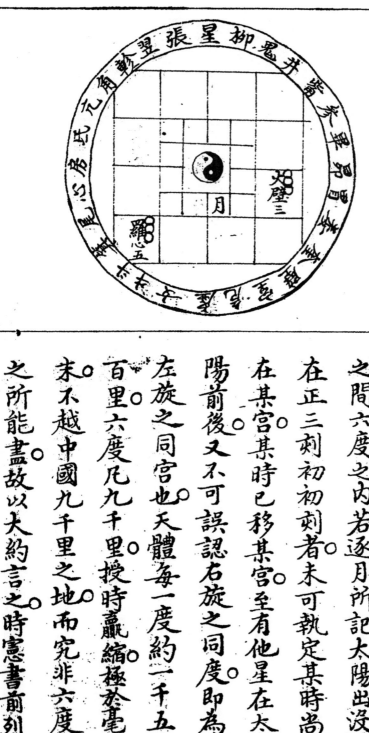

恩星輔身

陰令酉後

太陽之出沒由此而分其分只在二刻
之間六度之內。若逐月所記太陽出沒
在正三刻初初刻者。未可執定其時尚
在某宮其時已移某宮。至有他星在太
陽前後又不可誤認右旋之同度即為
左旋之同宮也。天體每一度約一千五
百里六度凡九千里。授時贏縮極於毫
末不越中國九千里之地。而究非六度
之所能盡故以大約言之。時憲書前列

恩星照身

二十八宿
七政明四
句言七政
之臨二十
八宿皆當
深論宮淺
論度以別
其生尅衰
旺命入躔
宮以下方
論命與日
月

炕柳二

月

陰令酉後

各省太陽出入有志剋不志分者所謂

量天廣尺未能量也

二十八宿七政橫論宮論度要分明避圖

論宮變論度一分一秒不容情命入躔宮

變五氣日月隨命分五行五曜四餘扶日

月生尅衰旺準天平最取用星為福曜有

恩有用作干城用若專權為上格恩星一

雜福斯輕

右第七章論十二宮分躔度五行而歸

日月夾山

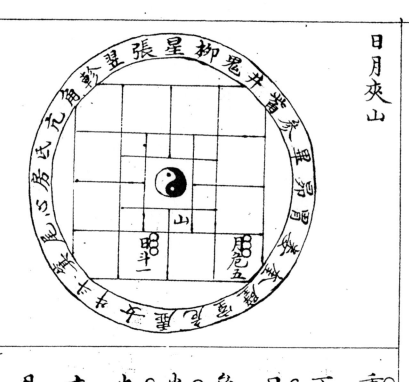

重於恩用○　二十八宿布滿周天居三

百六十度分應日月五星房虛昴星應○

日心危畢張應月亢牛婁鬼應金箕壁○

參軫應水角斗奎井應木尾室觜翌應○

火氐女胃柳應土臨制其方各一七政

也子丑寅卯辰巳午未申酉戌夾分配○

十二宮應十二月六合以應七政十一

月建子日躔丑十二月建丑日躔子子

丑二宮合配地屬土正月建寅日躔夾○

日月拱山

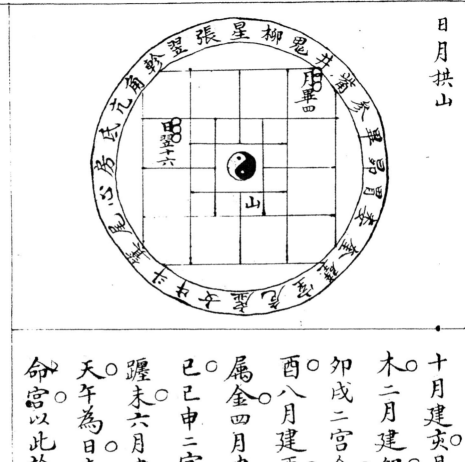

十月建亥日躔寅寅亥二宫合配春屬
木二月建夘日躔戌戌九月建戌日躔夘○
夘戌二宫合配夏屬火三月建辰日躔
酉八月建酉日躔辰辰酉二宫合配秋○
屬金四月建巳日躔申申七月建申日躔
巳巳申二宫合配冬屬水五月建午日
躔未六月建未日躔午午未二宫合配
天午為日未為月是為六合五行兄安
命宫以此論恩難益子丑二宫土以火

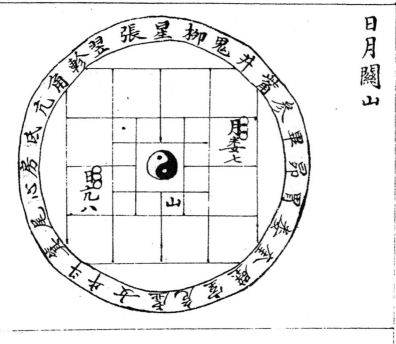

日月關山

家秘本

羅為恩木炁為難寅亥二宮木以水字
為恩金為難○
水字為難辰酉二宮金以木炁為恩○
羅為難巳申二宮水以金為恩土計為
難午為日怕木炁掩光未為月怕土計
掩光論宮論度安分明立命在宮之中
十八度以本宮所屬論生尅配恩難在
宮之左右各六度以度之所屬論生尅
配恩難蓋受氣深則論宮受氣淺則論

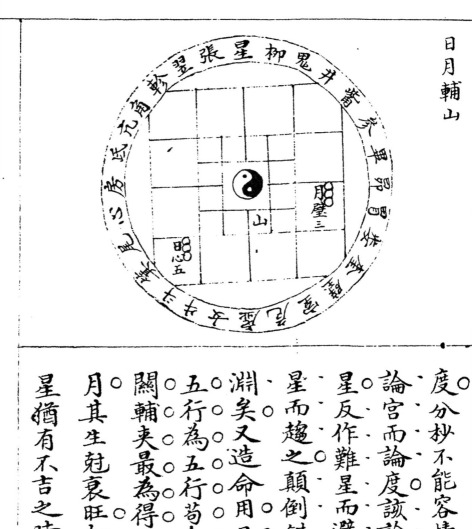

度分秒不能容情也假使宮度不明諉
論宮而論度諉論度而論宮則本是恩
星反作難星而避之本是難星反作恩
星而趨之顛倒錯亂生剋難憑禍福天
淵矣又造命用日月為身主即以命之
五行為五行苟命主之恩用與日月拱
關輔夾最為得力益五星四餘扶助日
月其生剋衰旺如天平之準然其中恩
星猶有不吉之時候惟用星永為福曜

藜照堂傳

尤看畫夜
與宮垣羊
卧雲日畫
用金水字
為奇夜作
孤星非所
宜月火羅
星為夜用
宮垣得地
出天機此
條甚善然
愚謂其高
未得看宮
垣之拈大
抵命坐水
宮火羅尤
利命坐金
宮水字尤

太陽照山

卯後

家秘本

若用星專權而忌星一雜又非全美故

選擇者必致詳焉

用曜一星落何處陽時陰候分邊際冬夏

二至陰陽極春秋兩分是平氣平氣陰陽

用可薰可看晝夜與宮垣暑過平氣陰陽

別當極之時禍福專陽令惟用金水字陰

令惟用火與羅秋木獨宜水薰字春土火

羅金計土春在分後須陰助秋在分後宜

陽輔

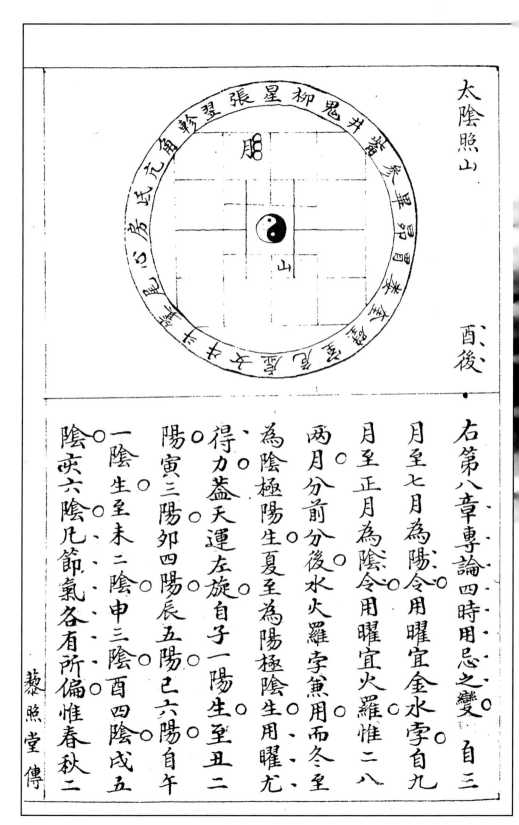

太陰照山

酉後

右第八章專論四時用忌之變。自三
月至七月為陽令用曜宜金水孛自九
月至正月為陰令用曜宜火羅惟二八
兩月分前分後水火羅孛並用而冬至
為陰極陽生夏至為陽極陰生用曜尤
得力蓋天運左旋自子一陽生至丑二
陽寅三陽卯四陽辰五陽巳六陽自午
一陰生至未二陰申三陰酉四陰戌五
陰亥六陰凡節氣各有所偏惟春秋二

交蔭山命

平令吉

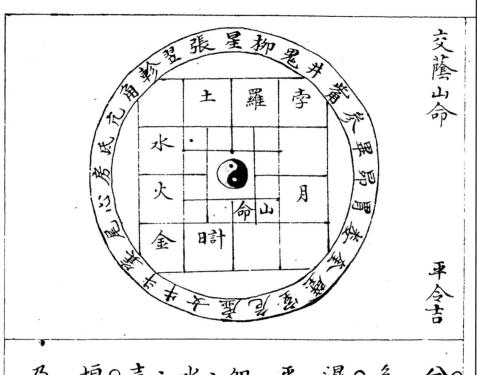

分在卯酉之初為平氣之時其他或陽
多陰少或陰多陽少陽多則燥陰多則
濕燥宜潤故用水孛濕宜溫故用火羅
平氣蒸用而日尤看晝夜與宮垣者用
卯辰巳午未申六時太陽在上喜用金
水孛用酉戌亥子丑寅六時太陰在上
喜用火羅命安金垣水孛尤利命安水
垣火羅尤利皆自然之理也陽令以下
乃詳其實秋分之木虛宜水孛以生之

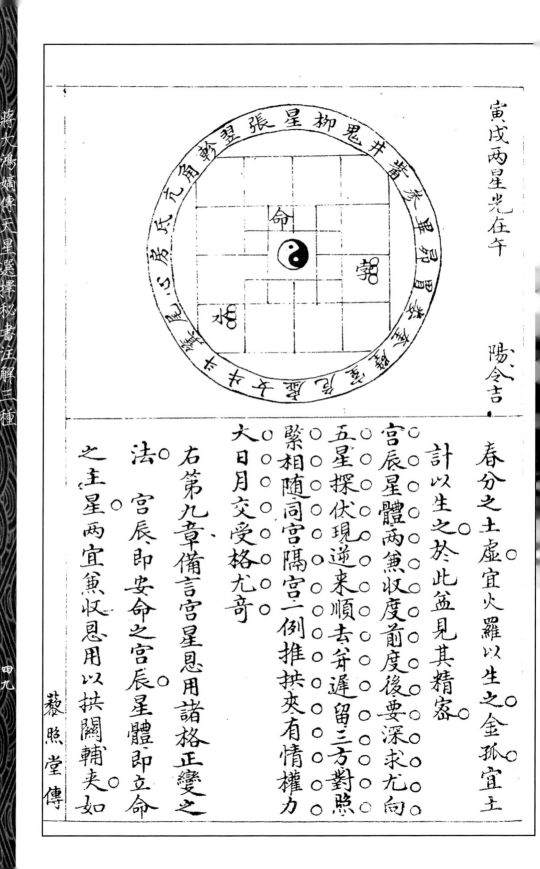

寅戌兩星光在午

陽令吉

春分之土虛宜火羅以生之金孤宜土

計以生之於此益見其精審○

宮辰星體兩無收度前度後要深求尤○向○

五星探伏現逆來順去乖遲留三方對照○

繫相隨同宮隔宮一例推拱夾有情權力○

大日月交受格尤奇○

右第九章備言宮星恩用諸格正變之

法○宮辰即安命之宮辰星體即立命

之主星兩宜無收恩用以拱關輔夾如

丑亥二曜子中依　　陽令吉

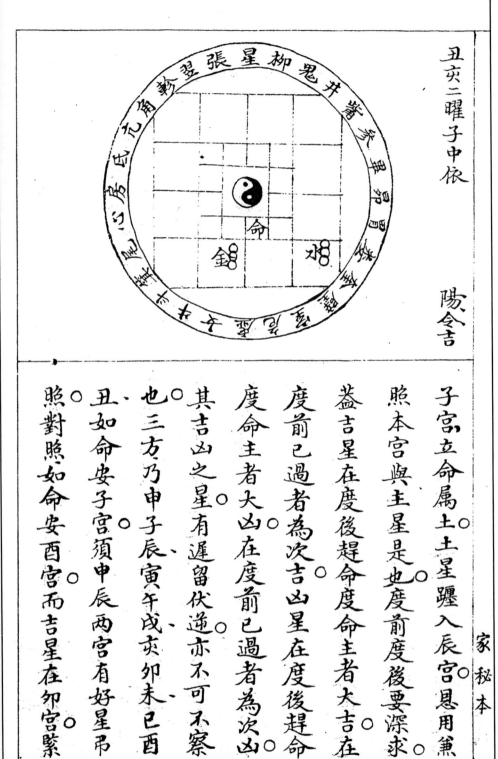

家秘本

子宮立命屬土。土星躔入辰宮恩用兼
照。本宮與主星是也。度前度後要深求。
葢吉星在度後趨命度命主者大吉。在
度前已過者為次吉。凶星在度後趨命
度命主者大凶。在度前已過者為次凶
也。其吉凶之星有遲留伏遞。亦不可不察
也。三方乃申子辰、寅午戌、亥卯未、巳酉
丑。如命安子宮、須申辰兩宮有好星吊
照對照。如命安酉宮、而吉星在卯宮繁
照。

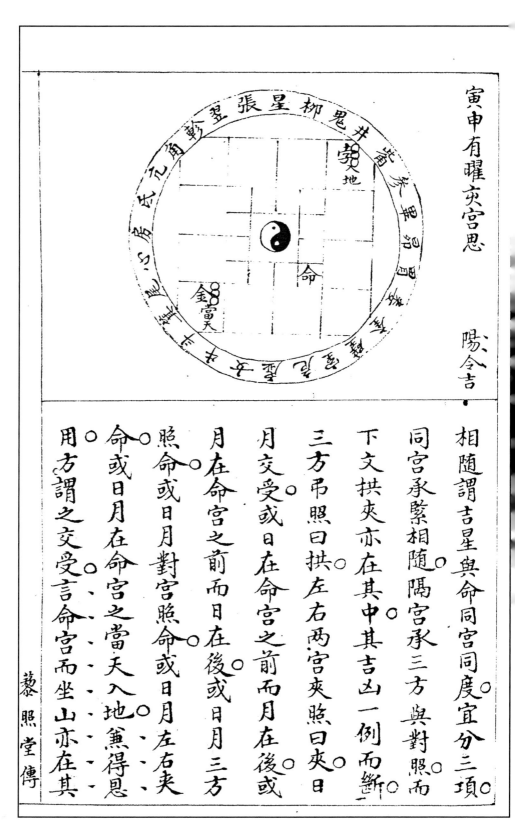

寅申有曜夾宮思

陽令吉

相隨謂吉星與命同宮同度宜宜分三項○
同宮承繫相隨隔宮承三方與對照而
下文拱夾亦在其中其吉凶一例而斷一
三方吊照曰拱○左右兩宮夾照日夾日
月交受或日在命宮之前而月在後或
月在命宮之前而日在後或日月三方
照命或日月對宮照命或日月左右夾
命或日月在命宮之當天入地無得息
用方謂之交受言命宮而坐山亦在其

巳丑卯宮　　陰令吉

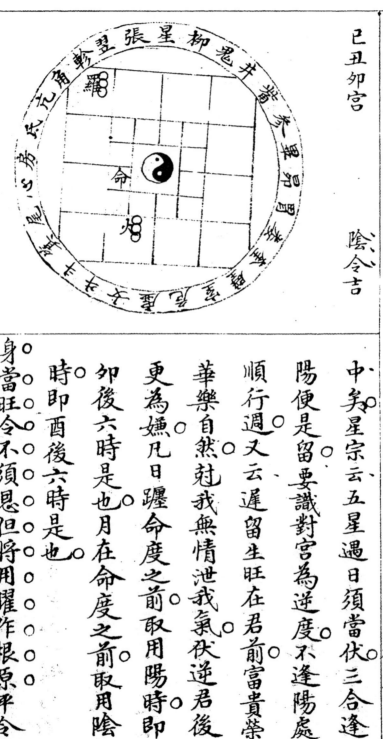

家秘本

中篇星宗云、五星遇日須當伏三合逢

陽便是留要識對宮為逆度不逢陽處

順行過又云遲留生旺在君前富貴榮

華樂自然尅我無情泄我氣伏逆君後

更為嫌凡日躔命度之前取用陽時即

卯後六時是也月在命度之前取用陰

時即酉後六時是也。

身當旺令不須恩但將用曜作根原平令

獨恩難發達衰時得用尚無恙以恩為用

亥未酉宮

春令始吉

真至寶以難為用多起倒以恩為忌壽而

貧以難為忌身不保。

右第十章論忌用離合之法。身命為

一物。正當旺令恩星翻有所忌。如木以

水字為恩而孟春木旺之時猶有微寒

未退。借火羅以溫之則無盤屈之拘而

有舒泰之美。設使水字相逢則根損枝

枯。不能榮盛矣。以木焞為恩而夏初火

旺之際水入火宮。火入水地名為桃花

家秘本

滾浪○水暖花紅不待木炁而後化也設

使薰蒸已盛而木炁來生則燥極而反

自息滅○土以火羅為恩而春夏二季土

旺之候陽盛陰虛有炎燥之象斷不可

與火羅同度受其煏燥惟秋冬二季火

羅以恩薰用方為有助金以土計為恩

而秋令金旺不怕火羅之魁焉用土計

之生設使土計相逢則土重金埋反為

掩晦水以金為恩而冬令水旺必得火

癸卯
辛酉
丁未
庚子

蔣公遷葬舟陽張太宰吉日係康熙二年八月十二日子時

右星圖寅宮立命論宮命主屬木格取字羅夾月
水火照月日月拱山雙恩交蔭日月秋分平氣水
火羅字薰作用星

計張六
火井十
日翌九
水翌七
金軫十一
金軫五
木心四
山
向
命　身　月女初
土尾二　孛尾四　羅危三

為上○得土為次若金水相生無火羅溫

助○則金寒水冷凍結而不能流通故曰

身當旺令不須恩而用曜作根原亦可

洞然明白矣若陰陽平令春秋兩分前

後亦必恩用薰收獨一恩星終難發達○

至於身主正在衰時能得用星拱照關

照輔照夾照其力量亦與旺令相等以

恩為用如陽令用水孛而命主是木陰

令用火羅而命主是土以難為用如陽

蔡照堂傳

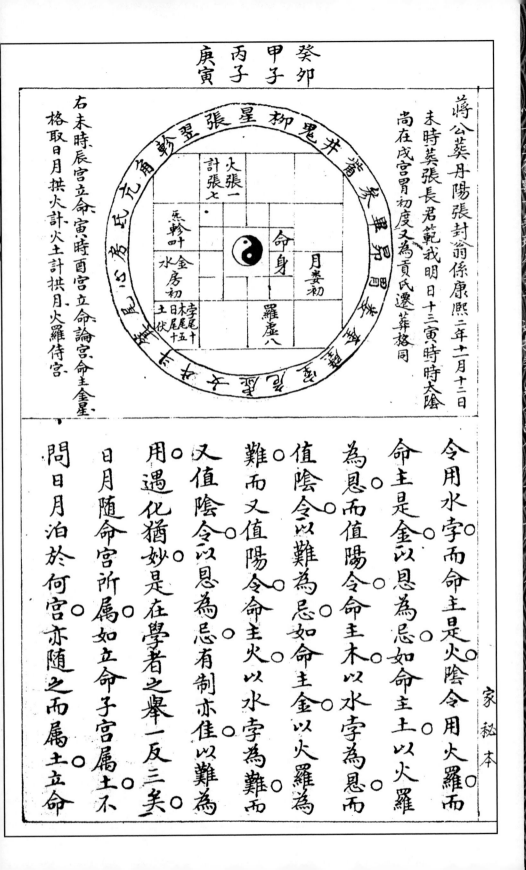

癸卯
甲子
丙子
庚寅

蔣公癸丹陽張封翁係康熙二年十一月十二日
未時英張長君範我明日十三寅時時太陰
尚在戌宮胃初度又為貢氏遷葬格同

火張一
計張七
孛軫四　水房初
命身
月婁初
羅虛八
木尾十
日尾十五
土伏

右未時辰宮立命寅時酉宮立命論宮命主金壘
格取日月拱火計火土計拱月火羅侍宮

令用水孛而命主是火陰令用火羅而
命主是金以恩為忌陰令用火羅
為恩而值陽令命主木以水孛為恩而
值陰令以難為忌如命主金以火羅為
難而又值陽令命主火以水孛為難而
又值陰令以恩為忌有制亦佳以難為
用遇化猶妙是在學者之舉一反三矣
日月隨命宮所屬如立命子宮屬土不
問日月泊於何宮亦隨之而屬土立命

家秘本

癸卯
乙丑
己未
乙丑

蔣公為靖江陳星煒遷葬祖墓係康熙二年十二月二
十六日丑時水本卯方入口向北至艮方轉回西
南貼水頭立穴墓在西鄉永興團七家村北秦家
市南

右酉宮立命論宮命主屬金格取太陰照命火羅拱
侍命垣（月）

火張六丁向
計翌五
氐翰十六　月房五
命
身
癸山
水女二
羅㬎五
李十一　木箕八　土尾十五　金尾七（以雜為）
日牛四

寅宮屬木不管日月泊於何宮亦隨之
而屬木故取恩星拱照即命主之恩星
非另有恩星也上章言日月隨命分五
行於此畫洩
本宮端的管初年宮若不純須舍旂必取
宮身俱妙合長安花滿任揚鞭
右第十一章論宮星並重之法　本宮
者安命之宮也星家命宮原屬童限故
管初年上章備言身主恩用之重恐學

藜照堂傳

蔣公為陳星煒莽母係康熙三年正月初十巳時
辰宮立命論宮金為命主格取日月拱命土計輔
命羅暌捧日癸或貫陽雙恩遙護日月注土對照
月計對照日
故曰雙恩遙護

月畢三十
火退三　計翌四
未向
炁軫十七　・命
丑山　身
水危一
羅盧四
日虛一
金土枰

韓御黃曰右四日期係蔣公親筆所書余得於江陰
南閩唐景中家并造命約言天星擇日二篇景中之
祖蔣公至交也常主其家故真跡猶存焉

家秘本

者專重身而畧於命故曰宮若不純須
舍旃凡擇日將十一曜布定先看日月
二曜躔得何如有無用曜拱夾身主定
昊然後分晝夜辨陰陽推運留考伏逆
命安那一宮盡善盡美方定得一時蓋
安命之法其權在時也宮身妙合謂宮辰
星體俱得恩用之助按星宗有著三主
之論有命宮之主有命度之主前章云
深則論宮淺論度最為的當身主或以

甲子
癸酉
壬子
乙巳

乾隆甲子年樂山自造巳巽向房屋二進擇八月初
八日己時監柱亥時上梁　是月十八日丑時秋分
主山存舊不動作造向薰修方論

命安卯宮氐八度論宮火為命主

火鬼一
虛星三　向
水軫八
木軫九
計角一
日張十七
土翌二
金翌六
命
月尾一
山
室女七
羅奎三

日或以月其躔宮躔度恩用拱夾與命

宮一例純粹方妙

就中暗曜最難知空地翻同實地司寅戌

兩星光在午丑夾二曜子中依

右第十二章論暗曜變格　此章言拱

夾之星最關禍福實為難知如午宮無

星寅戌兩宮有好星其光能射午地命

安午宮即是三方拱命或日或月在午

宮即是三方拱身如子宮無星丑夾兩

蔡照堂傳

甲子
癸酉
壬子
辛亥

命安酉宮胃六度論宮金主

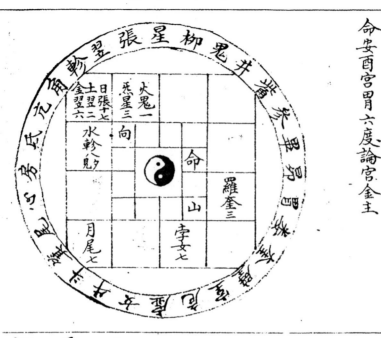

家秘本

宮有好星其光能夾注於子地命安子

宮即是左右夾命或日或月在子宮即

是左右兩宮夾身好星非他恩用是也

無星為空地遇拱夾則同於實地美歌

日暗曜何嘗暗夾拱最關情猶人住宅

處親隣俱好人

更有橫天交氣法寅申有曜夾宮思巳丑

卯宮夾未酉短長多寡度中移

右第十三章論橫天交氣法而姑借夾

甲子
癸酉
庚申
丙子

是月十六日又造前二進子時監柱夘時上梁
子時命安申宮箕七度論度火主

火柳一
炁柳三
向
金翼十六
命
山
字女八
羅奎三 用危十四
計角二
水計角四
土翌二五七 地
夘翌七

夘酉三宮為例。 橫天交氣如亥宮為
命垣寅申兩宮或恩或用或日月分居。
俱隔三宮貫注為當天入地訣自本宮
數至左第四宮為當天右第四宮為入
地益天運左旋七政右轉命運向左星
辰在前向右漸漸湊合故曰當天命運
向左星辰在後向右漸漸相離故曰入
地又如夘宮為命垣丑巳兩宮有恩用。
酉宮為命垣亥未兩宮有日月俱隔一

蔡照堂傳

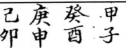

甲子
癸酉
庚申
己卯

主星

十六日卯時上梁命安巳宮翌七度論度火為

以上初八十六兩日俱靖江羊臥雲擇

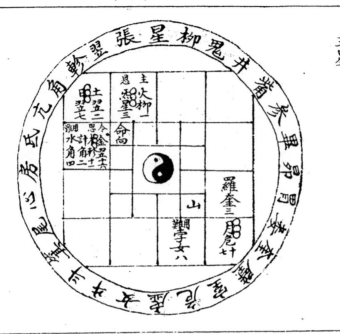

宮貫注為遙夾訣以本宮左右第三宮

為例短長多寡猶云力之強弱之厚

薄強弱因其度之生剋厚薄隨其度之

遠近故曰度中移

果老星宗此的傳星書卷卷失真詮諸般

格局皆虛假升殿入垣莫掛牽

右第十四章辨星書諸格之謬果老

星宗備言七政四餘此的傳指以上諸

論其他升殿入垣與諸般格局雖屬有

丙寅　辛卯　戊午　戊午

令盤張十四
計星三
土輪五

向

山

命

後覺子為百曲陳氏葬乾山巽向時乾隆十一年二月二十三日午時命安寅宮論宮木主

困要非所重造命者不必掛牽但求恩

用有情拱夾得地可美

月逢晦朔皆為福何必蟾光三五圓但忌

陰陽當薄蝕七日之內弗爭先太白晝現

經天日難忌洪災恩大權

右第十五章論晦朔薄蝕經天宜忌

月借日光光非本體其福力不以晦朔

弦望分優劣惟陰陽當薄蝕之期前三

日後三日與本日並忌選用過此以往

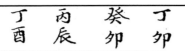

丁卯
癸卯
丁酉
丙辰

乾隆丁卯正月廿六酉時後覺子自曆兩亡內

亥山巳向論宮木主

是日卯時驚蟄

家秘本

皆為福也若太白金星晝現經天是難

星忌星為災更大是恩星用星為福必

厚日月蝕與太白經天俱在七政曆上○

勿勿過○

日魂月魄命之根五德五星應五倫掌握

乾坤惟此理璿璣經緯治斯民劉公昔日

佐真主建國行軍掃大荒無奈麻官多失

學增添宜忌漫平章天元秘旨今朝啟傳

與羲和佐聖唐○

癸酉
乙卯　丁未
丁未

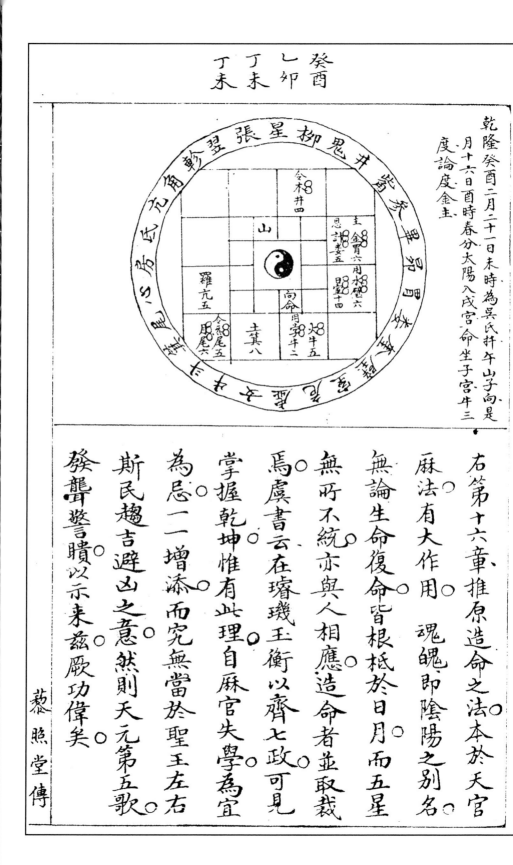

乾隆癸酉二月二十一日未時為吳氏扦午山子向是
月十六日酉時春分太陽入戌宮命坐子宮牛三
度論度金玉

右第十六章推原造命之法本於天官
麻法有大作用○魂魄即陰陽之別名○
無論生命復命皆根柢於日月而五星
無所不統亦與人相應造命者並取裁
馬虞書云在璿璣玉衡以齊七政可見
掌握乾坤惟有此理自麻官失學為宜
為忌二二增添而究無當於聖王左右
斯民趨吉避凶之意然則天元第五歌
發聲警贖以示末茲厥功偉矣○

藜照堂傳

癸　丙　辛
酉　辰　酉

乾隆癸酉三月初五日　時為喬氏曆酉山卯向是
月初一日子時清明　命坐酉宮
　　　度論宮金主

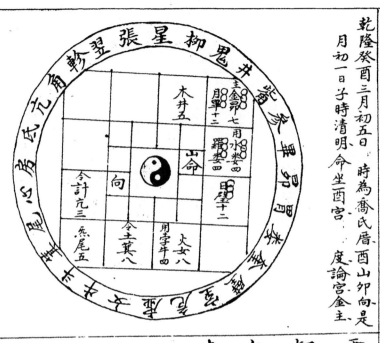

天元第五歌終

雲陽五曲號天元。雖是人為實至言普願
智愚咸解悟。故將俚句廣流傳一句一聯
包數義通之便是地行仙書中奧旨須尋
味。慎勿差訛累後賢。
右末章總結五篇而致其告誡丁寧之
意。

天星尅擇秘旨

杜陵中陽子蔣平階大鴻氏著

靖江墊溪子朱源達星山氏註

海上云吾子汪宜耀士雲氏刪正

造命約言

乾坤定位全憑日月照臨。

日月炳照中天為天地之主宰。

山水鍾靈盡是五行運用。

五行運行大地掌氣數之權衡。

葬乘生氣須步慶星。

生氣合元運之氣也慶星吉星也言葬

地雖得生氣必上步天星與地局合符

方有速驗。

訣在良時惟求知命。

天元歌云造命玄機時作主然非知命

不能擇時故星學不可以不講也。

十一星辰星辰有忌有用。

日月木火土金水炁孛羅計共十一星。

二曜五行

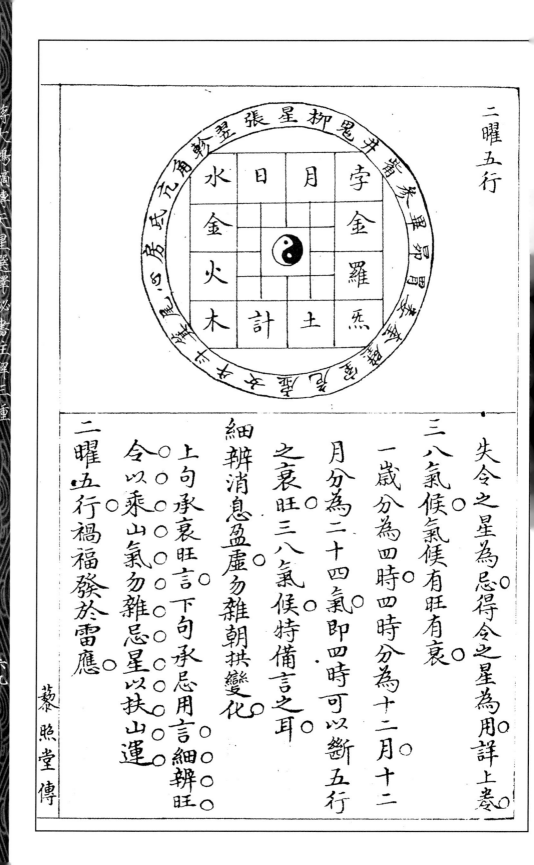

失令之星為忌得令之星為用詳上卷○

三八氣候氣候有旺有衰○

一歲分為四時四時分為十二月十二

月分為二十四氣即四時可以斷五行

之衰旺三八氣候特備言之耳○

細辨消息盈虛勿雜朝拱變化○

上句承衰旺言下句承忌用言細辨旺

令以乘山氣勿雜忌星以扶山運

二曜五行禍福發於雷應○

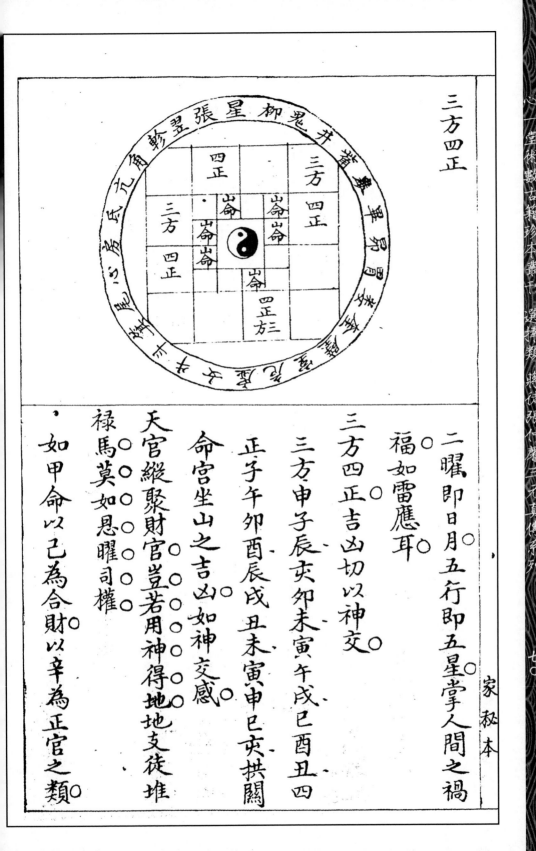

三方四正

家秘本

二曜即日月。五行即五星掌人間之禍
福如雷應耳。

三方四正吉凶切以神交。

三方申子辰亥卯未寅午戌巳酉丑四
正子午卯酉辰戌丑未寅申巳亥拱關

命宮坐山之吉凶如神交感

天官綜聚財官豈若用神得地地支徒堆

祿馬莫如恩曜司權

如命以己為合財以辛為正官之類

乃子平法也○如子命癸為祿寅為馬之

類亦子平之法用神乃得令之星即陽

令金水字陰令羅與火得地即得三方

四正之地也恩曜生命主之星也司權

或當令作用或守向守山守命也

群星守照多端合格為上○

諸星守照命宮坐山必恩用合格為上○

一曜持衡滿用得拱為先○

一曜即一星也或為命主或為用星必

與命宮坐山拱照為妙。

日為身月為身當分晝夜

日出地上謂之晝日入地下謂之夜以

卯酉為限卯後六時以日為身酉後六

時以月為身造重日葬重月

宮為主度為主須別淺深

即上卷所云深則論宮淺論度也凡命

躔兩邊各六度受氣淺以度之所屬為

命主若命躔中十八度受氣深以宮之

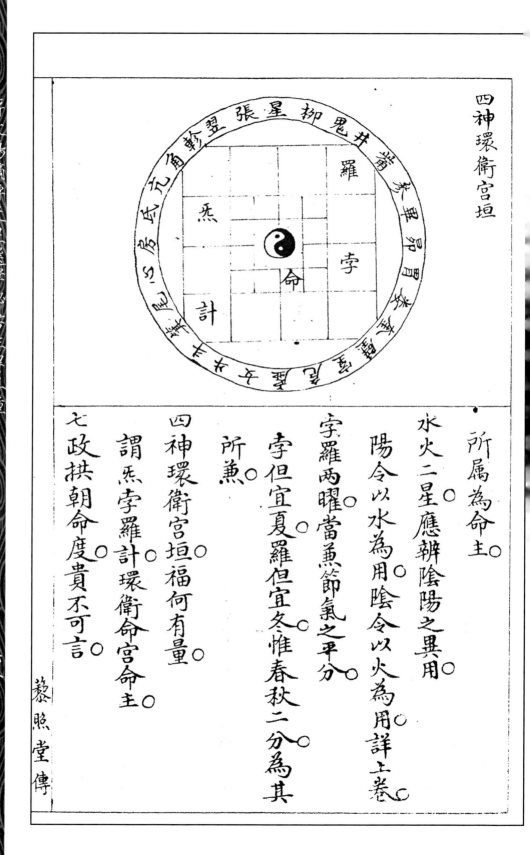

四神環衛宮垣

・所屬為命主。

水火二星應辨陰陽之異用。

陽令以水為用陰令以火為用詳上卷。

字羅兩曜當熏節氣之平分。

字但宜夏羅但宜冬惟春秋二分為其

所熏。

四神環衛宮垣福何有量。

謂炁字羅計環衛命宮命主。

七政拱朝命度貴不可言。

七政拱朝命度

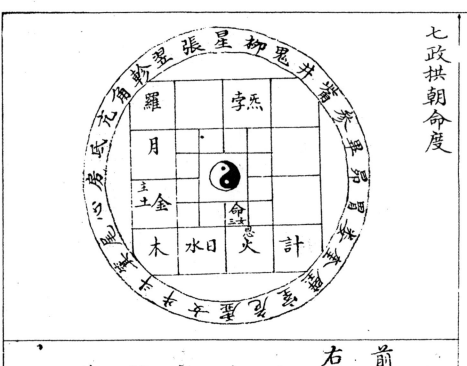

家秘本

謂日月五星拱朝命宮命度。

前朱雀後玄武莫教難忌之侵臨左青龍。

右白虎當查經緯之拱夾。

如安命夾宮火為南方朱雀在前戌宮。

水為北方玄武在後子宮。木為東方青

龍居斗度金為西方白虎居昴度為經

緯夾拱上格水火木金緯也子於方位

為水戌於星宮為火昴宿在酉於星宮

為水戌於星宮為火皆經也。

方位為經斗於宿度為木皆經也。

前後左右拱夾

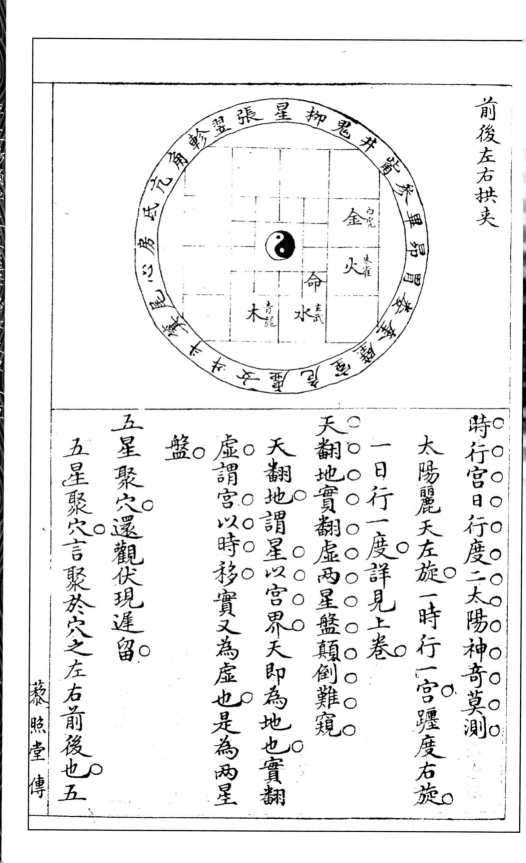

時行宮日行度二太陽神奇莫測○○○○○○○○

太陽麗天左旋一時行一宮躔度右旋○

一日行一度詳見上卷○○○○○○○○

天翻地實翻虛兩星盤顛倒難窺○○○○○

天翻地謂星以宮界天即為地也實翻

虛謂宮以時移實又為虛也是為兩星

盤○

五星聚穴還觀伏現遲留○

五星聚穴言聚於穴之左右前後也五

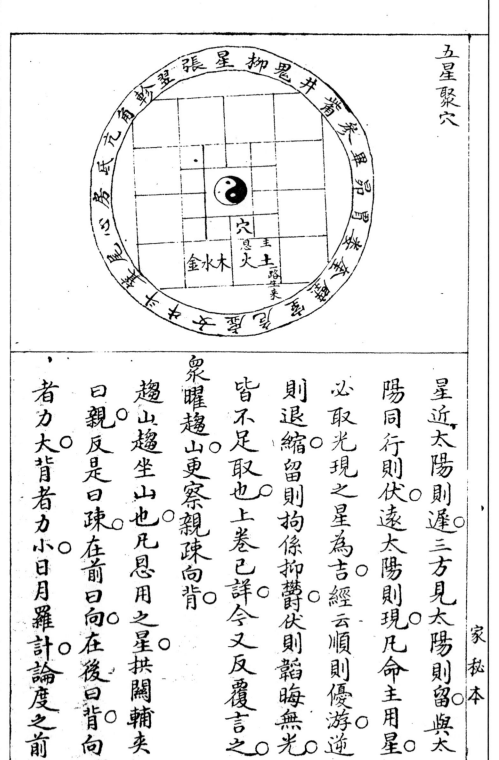

五星聚穴

穴
恩
主土路生来
金水木火

星近太陽則遲○三方見太陽則留○與太

陽同行則伏○遠太陽則現凡命主用星○

必取光現之星為吉○經云順則優游逆

則退縮留則拘係抑鬱伏則韜晦無光○

皆不足取也○上卷已詳今又反覆言之

○眾曜趨山更察親疎向背○

趨山趨坐山也○凡恩用之星拱關輔夾

日親反是日疎○在前日向在後日背向

者力大背者力小日月羅計論度之前

泉曜趨山

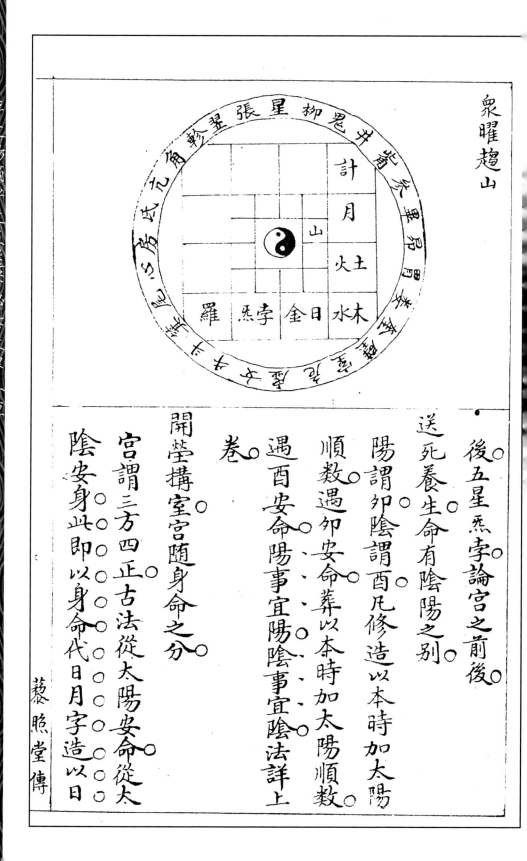

計月土
火　山　木
水
羅　炁孛　金日

・後五星炁孛論宮之前後。

送死養生命有陰陽之別。

陽謂卯陰謂酉凡修造以本時加太陽

順數遇卯安命葬以本時加太陽順數。

遇酉安命陽事宜陽陰事宜陰法詳上

卷。

開塋攢室宮隨身命之分。

宮謂三方四正古法從太陽安命從太

陰安身此即以身命代日月字造以日

命星守向　陽令水孛　陰令火羅

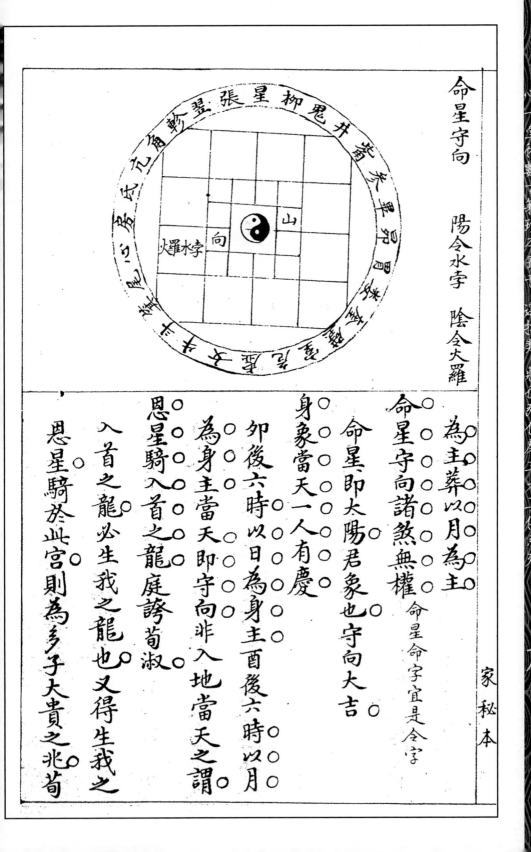

○為主葬以月為主

○命星守向諸煞無權（命星命字宜是令字）

○命星即太陽君象也守向大吉

○身象當天一人有慶

○卯後六時以日為身主酉後六時以月

○為身主當天即守向非入地當天之謂

○恩星騎入首之龍庭誇荀淑

○入首之龍必生我之龍也又得生我之

○恩星騎於此宮則為多子大貴之兆荀

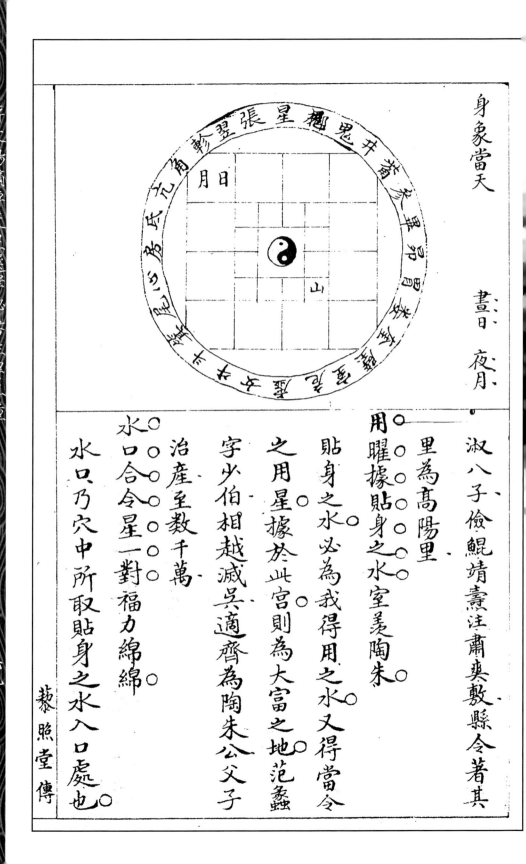

身象當天

晝日

夜月

淑八子儉鯤靖壽注肅奕敷縣令著其

一里為高陽里

用曜據貼身之水室羡陶朱

貼身之水必為我得用之水又得當令

之用星據於此宮則為大富之地范蠡蝨

字少伯相越滅吳適齊為陶朱公父子

治產至數千萬

水口合令星一對福力綿綿

水口乃穴中所取貼身之水入口處也

恩星騎入首之龍

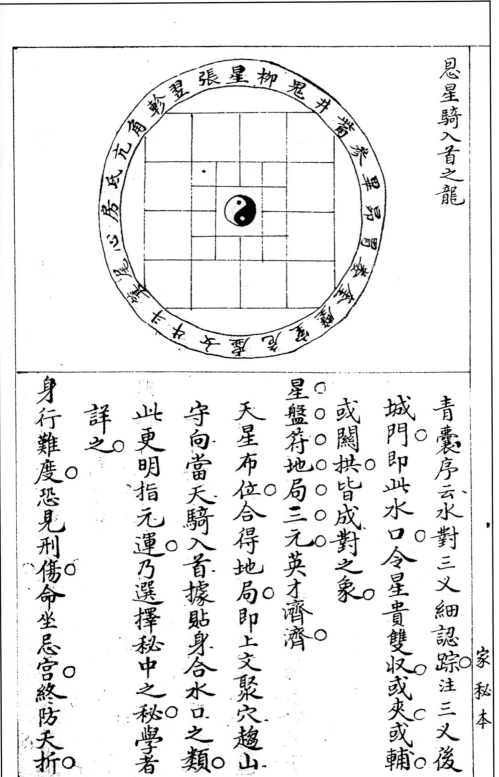

家秘本

青囊序云水對三叉細認踪注三叉後

城門即此水口令星貴雙收或夾或輔○

○○○○

或關拱皆成對之象○

星盤符地局三元英才濟濟

天星布位合得地局即上文聚穴趨山

守向當天騎入首據貼身合水口之類○

此更明指元運乃選擇秘中之秘學者

詳之○

身行難度恐見刑傷命坐恩宮終防天折○

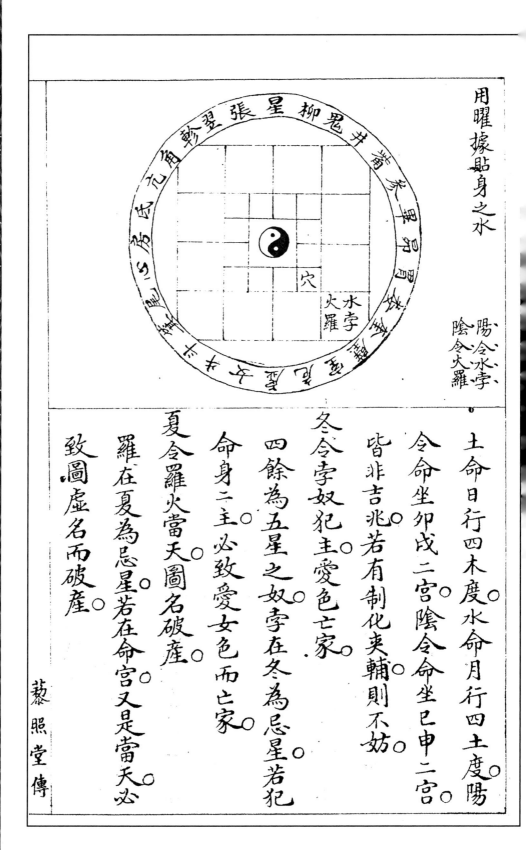

用曜據貼身之水

陽令水孛
陰令火羅

水孛
火羅

穴

土命日行四木度。水命月行四土度陽
令命坐卯戌二宮陰令命坐巳申二宮。
皆非吉兆若有制化夾輔則不妨。
冬令孛奴犯主愛色亡家。
四餘為五星之奴孛在冬為忌星若犯
命身二主必致愛女色而亡家。
夏令羅火當天圖名破產。
羅在夏為忌星若在命宮又是當天必
致圖虛名而破產。

木炁衰殘無助徒守芸牕○

木炁二星性本仁慈若金令衰殘無助

而作命主空讀詩書而已芸香草能辟

蠹、

計羅燥濕非時空爭蝸角○

戌命屬羅五命屬計陽令宜居水宮陰

令宜居火宮反是則為非時也蝸即今

之田螺有角而不能觸乃虛名耳

若侵四季鎮星瘟疫自染倘犯三秋太白○

盜患頻來。

土為鎮星。金為太白星。即下卷當令土

金莫犯註已備詳。

身主當薄蝕之期災纏訟獄。金象值經天

之候禍起刀兵。

日月為身當薄蝕之期則不吉金象經

天。恩則吉難則凶。

蓋日月隨命垣之氣化。

此一句即天元歌日月隨命分五行也。

藜照堂傳

家秘本

日月隨命宮之恩用為恩用關係最切〇

斯拱夾效列宿之神工〇

五星臨宮宜躔受生度上不宜躔尅洩

度上〇

故禍福悉出天星而趨避全憑造命〇

二句總結上文歸重本旨盆証諸家尅

擇之謬〇上卷猶有祕而未洩之旨此則

反覆丁寧無復餘義矣〇

造命約言終

天星剋擇秘旨

天星擇日篇　　　　　環陽子著

靖江埜溪朱氏原注

海上云吾汪氏則正

竊聞地德上載天光下臨○二氣冲和萬靈

毓秀○

萬靈猶云萬姓○

興亡治亂本氣數之循環○

氣數循環既有一定人力何能為○

壽夭窮通實五行之變化。

五行變化指地理與天星此則人事所

當自盡也。

元運未來難綮山川之秀。

元運即上中下三元之運天星雖吉非

合元之地局無以配之。

星辰既得易顯化育之功。

辰即天之十二次舍星之垣也地局既

善必合格之天星方可乘之。

穴吉葬凶。佳壤未能速效。

凶謂日時。

時良日利頑山亦暫安康。

但能無煞即謂之頑借頑山以明日時

之重。

須知擇日固重干支。

壬即甲乙丙丁戊己庚辛壬癸甲乙屬

木丙丁屬火戊己屬土庚辛屬金壬癸

屬水支即子丑寅卯辰巳午未申酉戌

亥子屬水寅夘屬木巳午屬火申酉

屬金辰戌丑未屬土山之孤虛旺相隨

乎月令而以日輔之

當信選時尤資星象

星即日月木火土金水炁字羅計日為

火之精月為水之精木主慈火主温土

主厚金主肅水主潤炁為木之餘字為

水之餘羅為火之餘計為土之餘以時

安命全頼十一曜為恩用拱關輔夾星

象可不重乎。

自異端橫起習染巳深邪說流行賢愚共

囿。

宋吳景鸞表奏真宗曰古之國史如梓

慎裨竈輩洞明理氣漢之諸儒雜以讖

緯附會穿鑿東晉郭景純葬書獨以

理氣推明而亦未言其所以然之故及

其歿而遂失其傳唐高宗永徽中河東

聞喜縣卲延翰因神人授以正經洞曉

陰陽開元中。玄宗召延翰至闕下錄之。

以官取其師授理氣心印三卷藏之內

府。又惠民間有明其術者於是詔一行

禪師偽造銅函經以亂其真悉皆倒裝

生旺反用休囚嗣是一百餘年不復知

有正經矣僖宗沒黃巢犯闕顓水楊盆

曾求己竊延翰書以還江左而楊曾之

名始著李司空節制江南首辟求己為

從事恐國家聞之必陷延翰之禍復撰

家秘本

偽書一卷歟後詩歌競出泛濫支離不

復知所歸矣唐宋已然何況今日幸我

大鴻蔣祖師受道異人復闡楊曾之教〇

於是三元轉運天星選擇不絕如線鳴

呼我安得盡洗世人之肺腸而為之授

受也哉〇

裨竈剛柔論舉世不知〇

裨竈鄭國史官春秋時掌天文者剛柔

即陰陽其論未詳大約陽令用陰陰令

用陽。取剛柔相濟之義也。

楊公烏兔經盡人莫辨。

一、楊公名益字筠松號救貧烏兔經即天

元歌所云渾天寶照候天星者也。

夫後裔亢宗歸功於地利。

子孫之壽夭窮通全係乎祖父墳墓之

吉凶所不待言。

亡人復命取效於天時。

一、必亡人葬下安妥方能降福子孫而安

・與不安天時之為效最速故造命慎之○

時日禎祥朝封夕燬星辰乖謬旦穴暮悲○
朝封棺而夕獲福旦下穴而暮生悲甚

言其速也○

蓋日月為乾坤主宰五行實造化神樞○

星昭生殺之神象列宮垣之數○

五星四餘掌生殺之令天象圓轉列二
十八宿分十二宮及三百六十五度○

五行隨垣而定八神依數而分○

此節承上文宮垣而言明其與地盤相
合也〇十二宮以六合分五行八神即八
卦〇天之十二宮圓象也地之八卦方象
也以方準圓自無參差之數〇

但有一曜之生自有一星之殺必收生而
去煞始鬼避而神迎〇

收生則迎神出煞則鬼避地理之收生
出殺〇在零正二神選擇之收生出殺在
用忌二星〇

彗入中天先看經星之深淺。

彗星即孛星經星即二十八宿也其度

數有淺有深。

計橫地面復觀日月之盈虛。

羅計二星與日月同道同度則蝕一云

羅計在寅卯辰巳午陽宮則不蝕不蝕

稍可羅計二星隱而不現今西洋厤官

用千里鏡方察其影。

羸縮進留當加詳審。

藜照堂傳

家秘本

贏者趨前縮者退後遲者緩行留者不

行。

侵犯伏現須用深求。

現。

直觸日犯稍逼日侵遇日則伏遠日則

得失憂虞考衆星之入地

自本宮向右數第四宮有星爲入地吉

星入地則吉凶星入地則凶。

吉凶晦吝究諸曜之當天。

自本宮向左数第四宮有星為當天吉

星當天則吉凶星當天則凶

異度同宮災祥無涉異宮同度禍福攸關

異度同宮非盡輕也生我尅我者在前

則災祥無涉異宮同度非盡重也生

我尅我者在後則禍福攸關矣然此節

尤當以上卷深論宮淺論度參之_{此二句是蔣公真傳}

水火福澤之基宜分冬夏

水火二星掌人之禍福為陰陽二令之

二節不是附會之辭

用神○冬以火為用○夏以水為用○

木炁壽元之主不論春秋二句是俗說不是 蔣公真傳

炁乃木之餘木炁二星性最仁慈主人

之壽元不分四時俱可○

歲星所在為禎對冲則反為咎、

木星十二年一周天與太歲相應故名○

歲星○

歲星所在之宮吉所冲之宮凶、

太白出東為德西現則轉為刑、

太白金星也輔日而行日前星後則晨

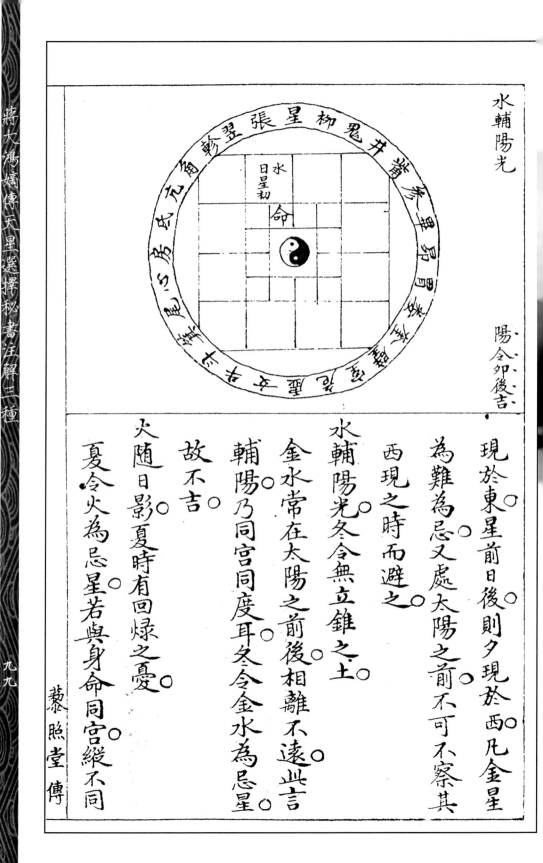

水輔陽光

陽令卯後吉

現於東星前日後則夕現於西凡金星

為難為忌又處太陽之前不可不察其

西現之時而避之○

水輔陽光冬令無立錐之土○

金水常在太陽之前後相離不遠此言

輔陽乃同宮同度耳冬令金水為忌星

故不吉○

火隨日影夏時有回祿之憂○

夏令火為忌星若與身命同宮縱不同

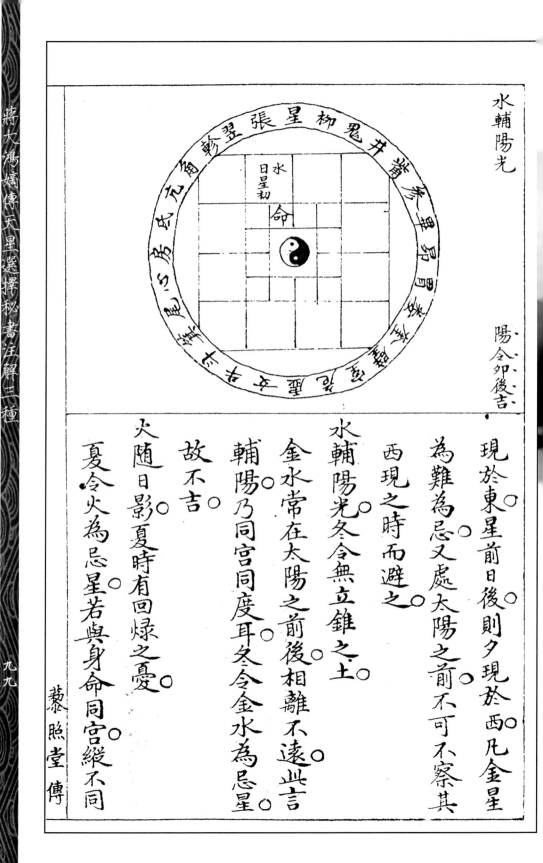

火隨日影

陰令匆後害

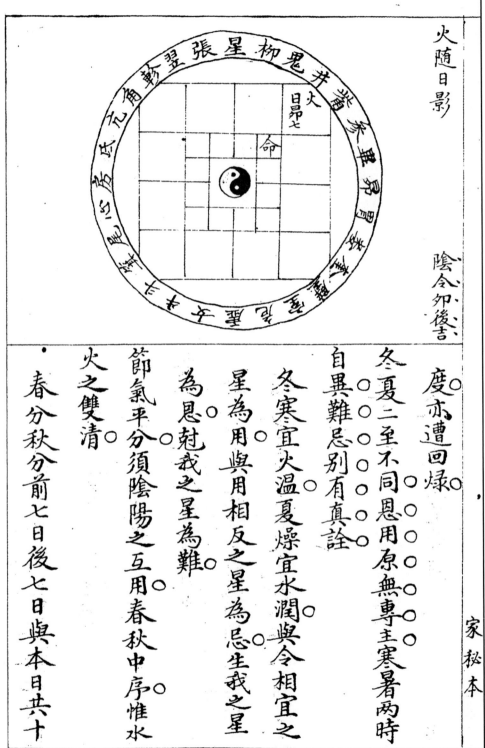

家秘本

度亦遭回祿。

冬夏二至不同恩用原無專主寒暑兩時

自異難忌別有真詮

冬寒宜火溫夏燥宜水潤與令相宜之

星為用與用相反之星為忌生我之星

為恩尅我之星為難。

節氣平分須陰陽之互用春秋中序惟水

火之雙清

春分秋分前七日後七日與本日共十

天首亢陽

不論四時俱凶

得真傳者
最忌薄蝕
若羅計同
宮而不主
薄蝕其吉
凶係於日
月所屬之
五行

・五日乃一歲平氣之候用星可水火羅

字熏收平氣陰陽用可熏巳見上卷

天首亢陽童歲成孤此時日蝕偶逢會見

烝嘗莫保○

羅為天首星、

計星近月醫年失恃倘遇蟾光被掩佇者

筑獨亡家○

計為地尾星、羅計與日月同宮主早喪

父母○若更同道同度適當掩蝕必至絕

蔡照堂傳

此皆推測
生命者之
俗說必若
未宮安命
以計入為
嫣

計星近月

不分晝夜俱凶

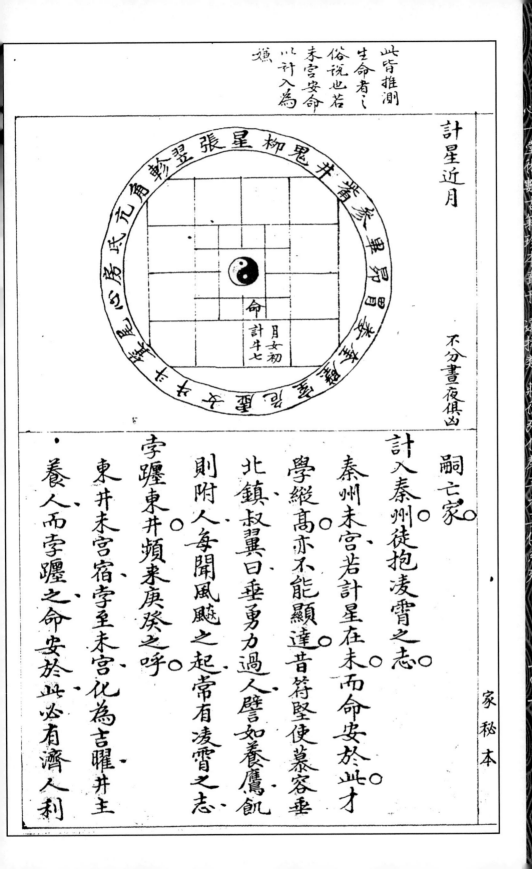

命
計牛七

月女初

嗣亡家。

計入秦州○徒抱凌霄之志。

秦州未宮若計星在未而命安於此。○

學縱高亦不能顯達昔符堅使慕容垂

北鎮叔翼曰垂勇力過人譬如養鷹飢

則附人每開風飈之起常有凌霄之志。

字躔東井頻來庚癸之呼。○

東井未宮宿字至未宮化為吉曜井主

養人而字躔之命安於此必有濟人利

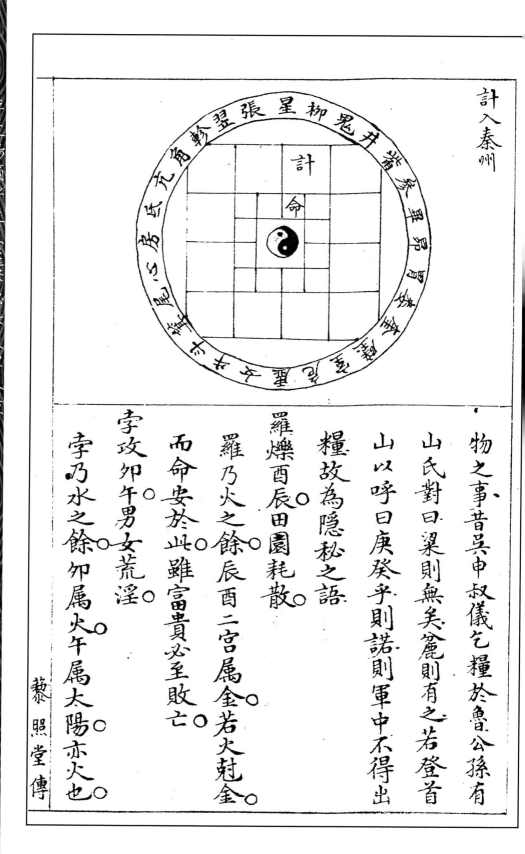

物之事昔吳申叔儀乞糧於魯公孫有
山氏對曰梁則無委麗則有之若登首
山以呼曰庚癸乎則諾則軍中不得出
糧故為隱秘之語
羅燥酉辰田園耗散○
羅乃火之餘辰酉二宮屬金若火尅金○
而命安於此雖富貴必至敗亡○
字攻卯午男女荒淫○
字乃水之餘卯屬火午屬太陽亦火也○

藝照堂傳

字躔東井

陽令更吉

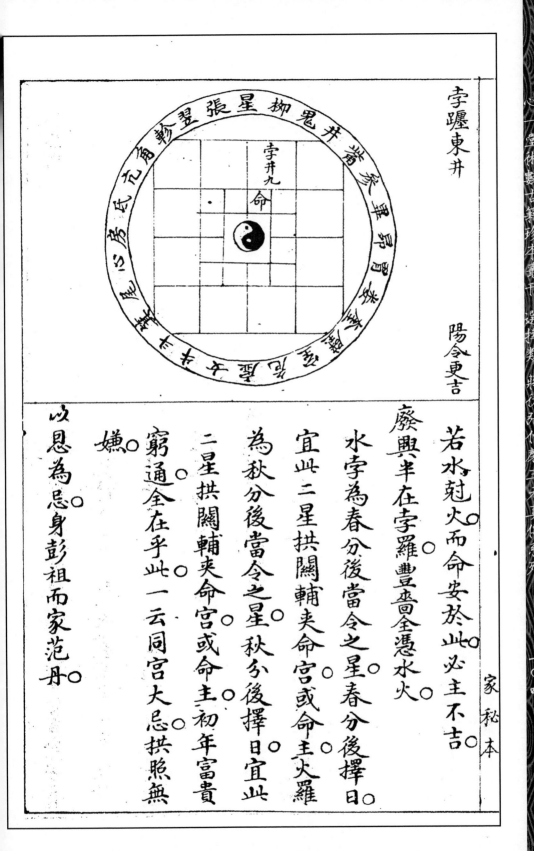

若水尅火而命安於此必主不吉。

廢興半在字羅豐亞全憑水火。

水字為春分後當令之星春分後擇日。

宜此二星拱關輔夾命宮或命主火羅

為秋分後當令之星秋分後擇日宜此

二星拱關輔夾命宮或命主初年富貴

窮通全在乎此一云同宮大忌拱照無

嫌。

以恩為忌身彭祖而家范丹。

二令俱凶

張星柳鬼井參觜畢昴胃昌婁奎壁室危虛女牛斗箕尾心房氐亢角軫翼

羅娄八　命

本是生我之星。而為時令所忌主身壽
而家貧彭祖壽八百歷三代喪四十九
妻范丹字史雲為菜蕪令人歌曰甑中
生塵范史雲釜中生魚范菜蕪
以用為仇擅陶朱而嗟伯道。
本是當令之用星。又為尅我之仇星主
富而無子范蠡字少伯相越滅吳適齊
為陶朱公父子治產至數千萬鄧攸字
伯道避亂去吳棄兒存姪後卒絕嗣時

藜照堂傳

蔣大鴻嫡傳天星選擇秘書注解三種

字政卯午

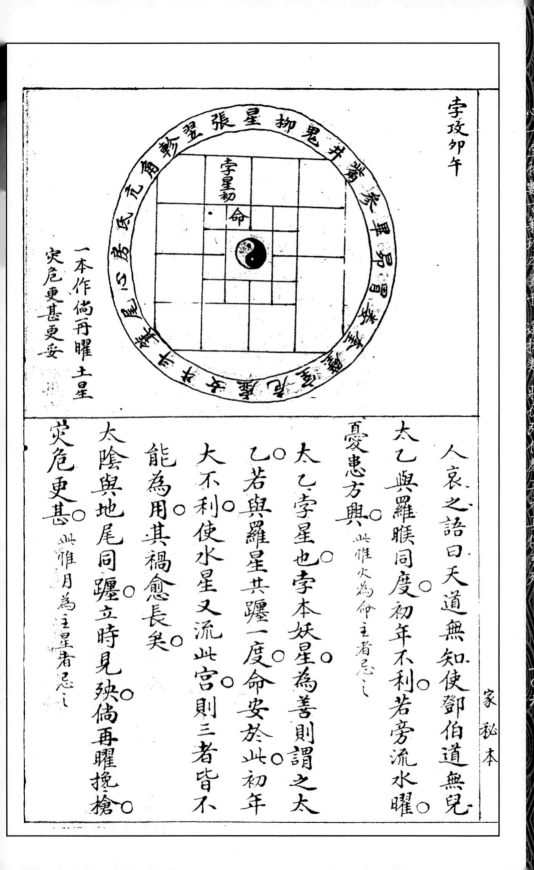

一本作僞丹曜土星
災危更甚更妥

人哀之語曰天道無知使鄧伯道無兒

太乙與羅睺同度初年不利若旁流水曜。（此惟火為命主者忌之）

憂患方興。

太乙字星也字本妖星為善則謂之太

乙若與羅星其躔一度命安於此初年

大不利使水星又流此宮則三者皆不

能為用其禍愈長矣。

太陰與地尾同躔立時見殃倘再曜挽槍。

災危更甚。（此惟月為主星者忌之）

二令俱凶

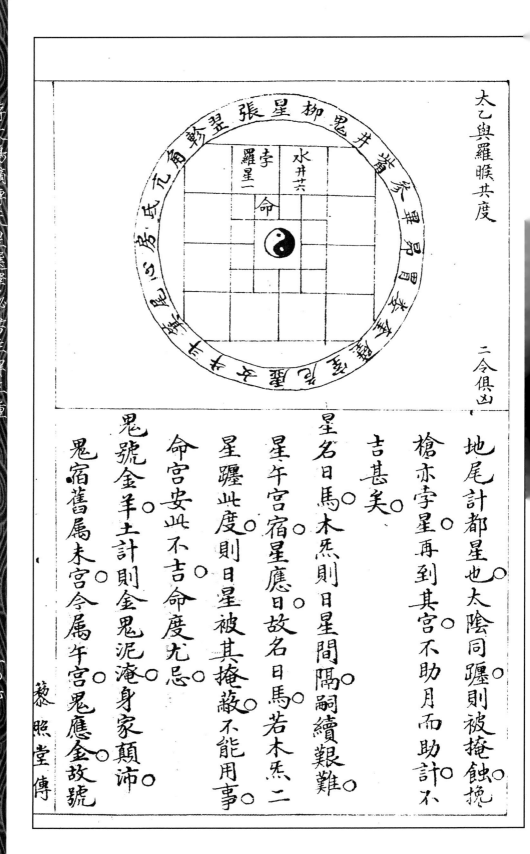

水井六
羅星一
孛
命

地尾計都星也太陰同躔則被掩蝕挽

槍亦孛星再到其宮不助月而助計不

吉甚矣

星名曰馬木炁則日星間隔嗣續艱難

星午宮宿星應日故名曰馬若木炁二

星躔此度則日星被其掩蔽不能用事

命宮安此不吉命度尤忌

鬼號金羊土計則金鬼泥淹身家顛沛

鬼宿舊屬未宮今屬午宮鬼應金故號

蔡照堂傳

太是推測
生命之統
非造命所
用

太陰與地尾同躔

二令俱凶

張星柳鬼井參觜畢昴胃婁奎壁室危虛女牛斗箕尾心房氐亢角軫翼

命
計月牛初
字斗十

家秘本

金羊若土計二星躔此度則為土重金
埋之象命宮命度忌之或以金為命主
亦不吉此節當與上節互推本是木生
火土生金而餘奴犯之轉為不吉此二
母爭權之類也
劉賁下第橫遭中土之鋒
土名鎮星位中宮故曰中土劉賁必是
命安水宮而土來尅之
莊子鼓盆生受西庚之尅
必妻宮是木垣
而金入尅之

木炁則日星間隔

炁
木星度
命

二令俱凶

至樂篇莊子妻死惠子弔之莊子箕踞

鼓盆而歌西庚金星西現也莊子必以

金為妻星或命安木宮而金來尅之

旭日獨明於上路所如不偶眼執回青

上路暗指辰巳午未宮孤陽無輔又值

炎令主性情狠戾仇怨日多

孤蟾獨燦於中宵觸處成迷心誰吐赤

中宵暗指亥子丑寅宮月望在此乃寒

令也月喜單行惟寒令忌之主性情懦

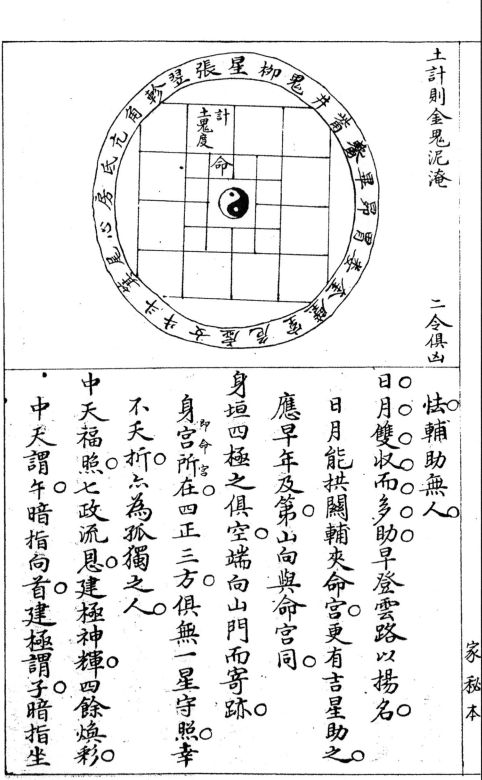

土計則金鬼泥淹

二令俱凶

計度

土鬼度

命

張星柳鬼井

怯○輔助無人○

日○月○雙○收○而○多○助○早○登○雲○路○以○揚○名○

日○月○能○拱○關○輔○夾○命○宮○更○有○吉○星○助○之○

應○早○年○及○第○山○向○與○命○宮○同○

身○宮○（即命宮）所○在○四○正○三○方○俱○無○一○星○守○照○幸○

身○垣○四○極○之○俱○空○端○向○山○門○而○寄○跡○

不○夭○折○六○為○孤○獨○之○人○

中○天○福○照○七○政○流○恩○建○極○神○輝○四○餘○煥○彩○

中○天○謂○午○暗○指○向○首○建○極○謂○子○暗○指○坐

日月雙收而多助

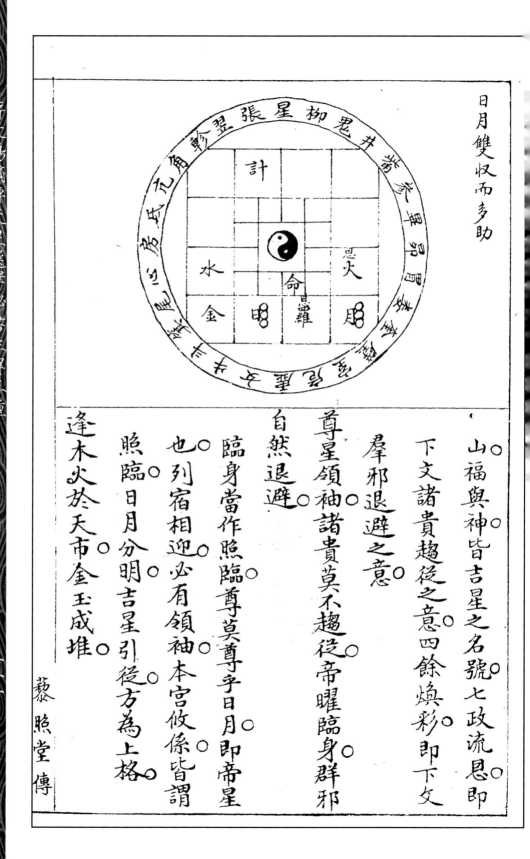

山○福與神皆吉星之名號七政流恩即

下文諸貴趨後之意四餘煥彩即下文

羣邪退避之意○

尊星領袖諸貴莫不趨後○帝曜臨身群邪

自然退避○

臨身當作照臨尊莫尊乎日月即帝星

也○列宿相迎必有領袖本宮收係皆謂

照臨日月分明吉星引從方為上格○

逢木火於天市金玉成堆○

藜照堂傳

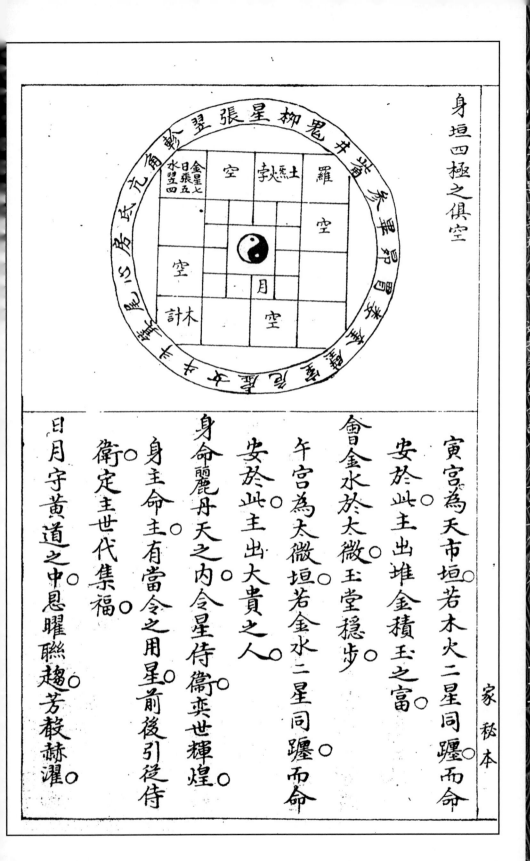

身垣四極之俱空

日月守黃道之中恩曜聯趨芳赦赫濯○

衛定主世代集福○

身主命主有當令之用星前後引從侍

身命麗丹天之內令星侍儔奕世輝煌○

安於此主出大貴之人○

午宮為太微垣若金水二星同躔而命

會合金水於太微玉堂穩步○

安於此主出堆金積玉之富○

寅宮為天市垣若木火二星同躔而命

逢木火於天市

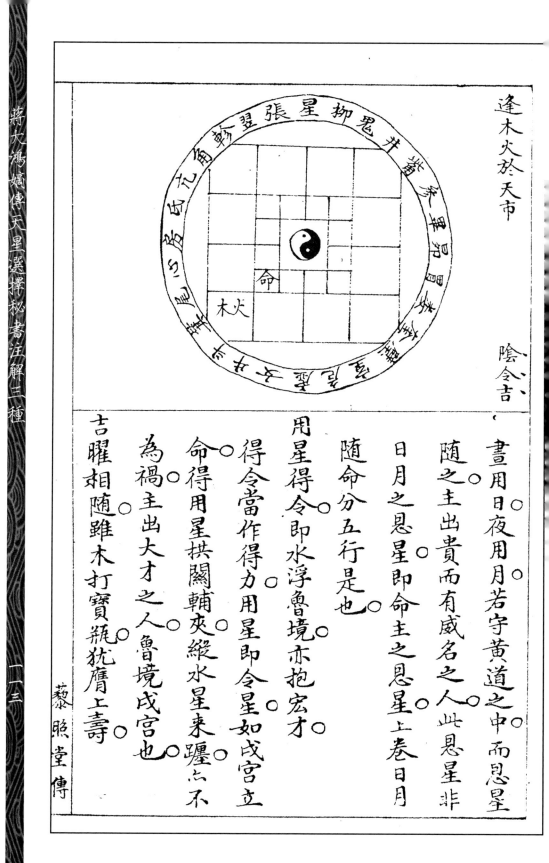

陰令吉、

畫用日夜用月若守黃道之中而恩星

隨之主出貴而有威名之人此恩星非

日月之恩星即命主之恩星上卷曰月

隨命分五行是也○

用星得令即水浮魯境亦抱宏才○

得令當作得力用星即令星如戌宮立

命得用星拱關輔夾縱水星來躔六不

為禍主出大才之人魯境戌宮也○

吉曜相隨雖木打寶瓶犹膺上壽

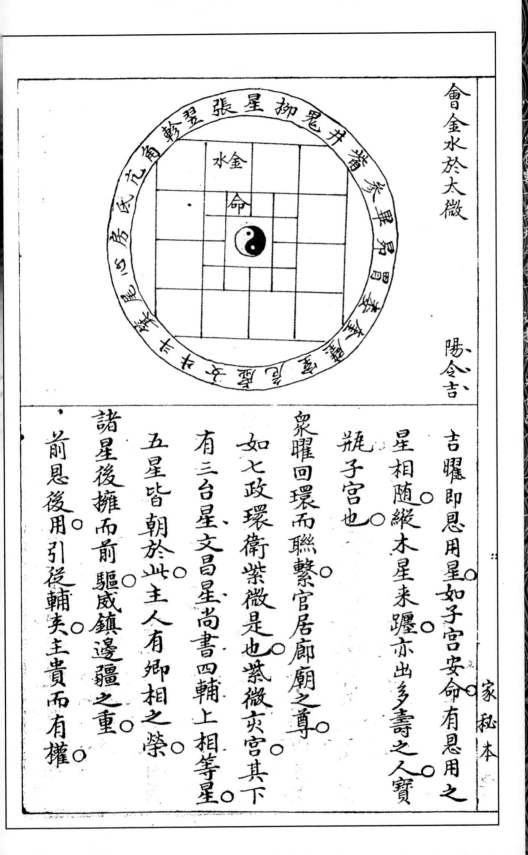

會金水於太微　　　　陽令吉

吉曜即恩用星如子宮安命有恩用之

瓶子宮也。

星相随縱木星来躔亦出多壽之人寶

眾曜回環而聯繫官居廊廟之尊。

如七政環衛紫微是也紫微夾宮其下

有三台星文昌星尚書四輔上相等星

五星皆朝於此主人有卿相之榮。

諸星後擁而前驅威鎮邊疆之重。

前恩後用。引後輔夾主貴而有權。

心一堂術數古籍珍本叢刊　選擇類　蔣徒張仲馨三元真傳系列

一一四

家秘本

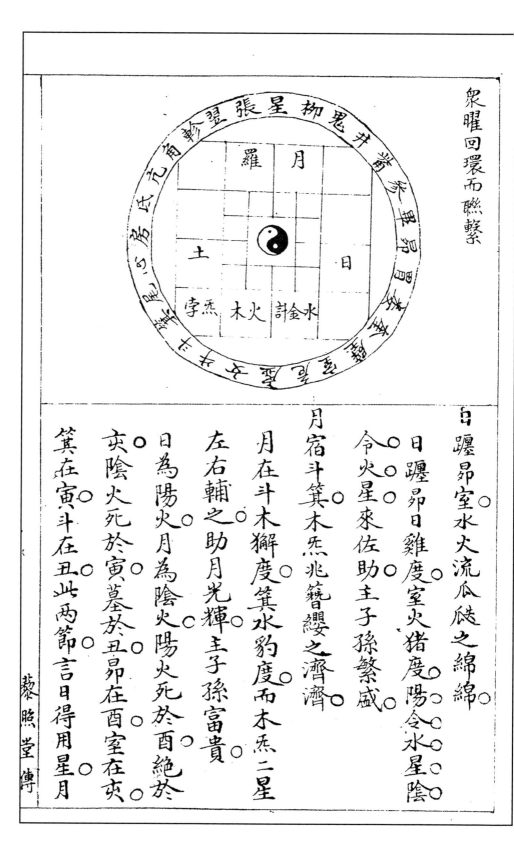

眾曜回環而聯繫

日躔昴室水火流瓜瓞之綿綿○

日躔昴日雞度室火猪度陽令水星陰○○○

令火星來佐助主子孫繁盛○○

月宿斗箕木炁兆籫纓之濟濟○

月在斗木獬度箕水豹度而木炁二星○○

左右輔之助月光輝主子孫富貴○○

日為陽火月為陰火陽火死於酉絕於○

夾陰火死於寅墓於丑昴在酉室在夾○○

箕在寅斗在丑此兩節言日得用星月○

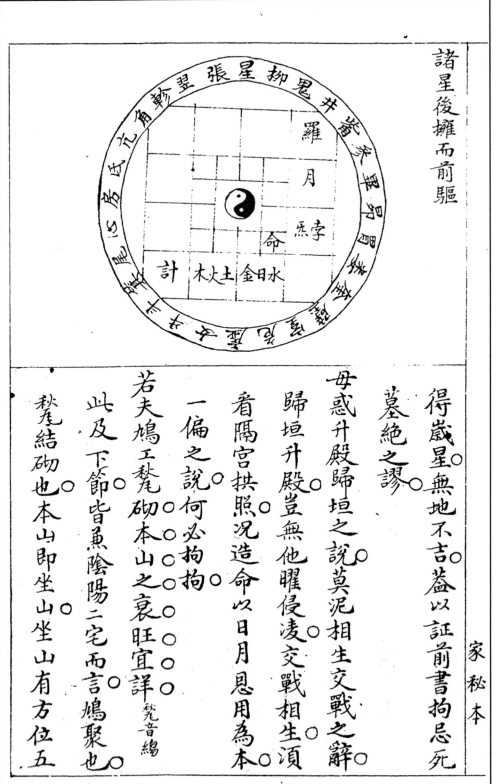

諸星後擁而前驅

羅
月孛字命

計木火土金日水

家秘本

得歲星無地不吉○蓋以証前書拘忌死

墓絕之謬○

毋惑升殿歸垣之說○莫泥相生交戰之辭○

歸垣升殿豈無他曜侵凌交戰相生須

看隔宮拱照○況造命以日月恩用為本○

一偏之說○何必拘拘○○○○○○○

若夫鳩工甃砌○本山之衰旺宜詳(甃音縐)

此及下節皆兼陰陽二宅而言○鳩聚也○

甃結砌也○本山即坐山○坐山有方位五

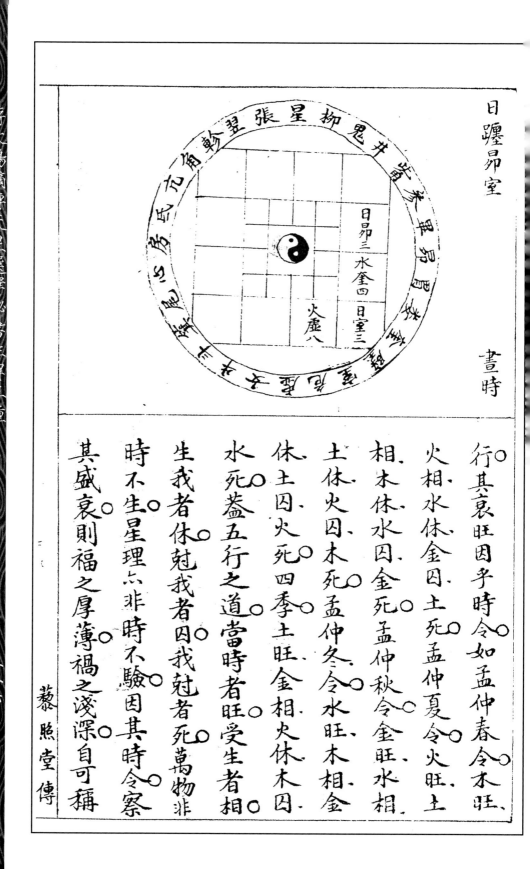

日躔昴室

晝時

日昴三　水奎四　日室三

火虛八

行○其衰旺因乎時令如孟仲春令木旺、
火相水休金囚土死孟仲夏令火旺土
相木休水囚金死孟仲秋令金旺水相
土休火囚木死孟仲冬令水旺木相金
休土囚火死四季土旺金相火休木囚
水死蓋五行之道當時者旺受生者相
生我者休尅我者囚我尅者死萬物非
時不生星理点非時不驗因其時令察
其盛衰則福之厚薄禍之淺深自可稱

月宿斗箕

夜時吉

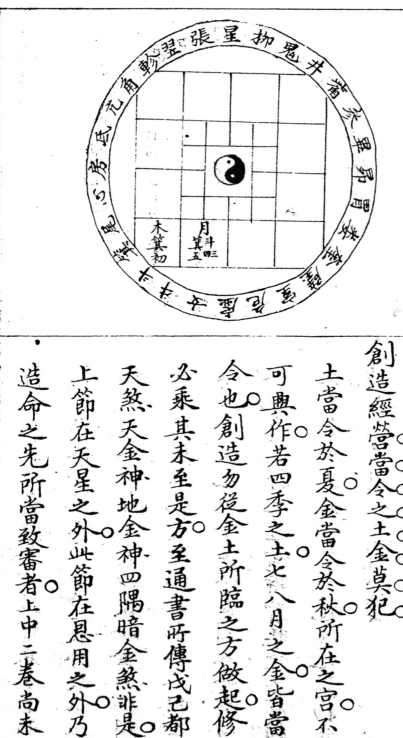

木箕初　月斗箕五　斗箕三

量於其間矣○

創造經營當令之土金莫犯○

土當令於夏金當令於秋所在之宮不

可興作若四季之土七八月之金皆當

令也創造勿從金土所臨之方做起修

必乘其未至是方至通書所傳戊己都

天煞天金神地金神四隅暗金煞非是○

上節在天星之外此節在恩用之外乃

造命之先所當致審者上中二卷尚未

本山之衰旺宜詳　以方位五行論衰旺

火旺夏山	火旺夏山	土旺季山	金旺秋金土秋
土旺季木旺春	山山	山山	土旺季水旺冬
木旺春	土旺春	水旺冬	

之及。

故杜陵之真訣活法難窺。

杜陵蔣氏也真訣即天元歌。

惟果老為正宗無書可授。

張果老精於星理其書正宗忘非真傳。

蓋天行最健瞬息無停星度相隨因時而

轉以此山之地局符此刻之天盤則兩曜

凝祥。五星效順高明覆幬陽和護大地之

靈。博厚順承涵育抒渾天之氣豈云瑞沴

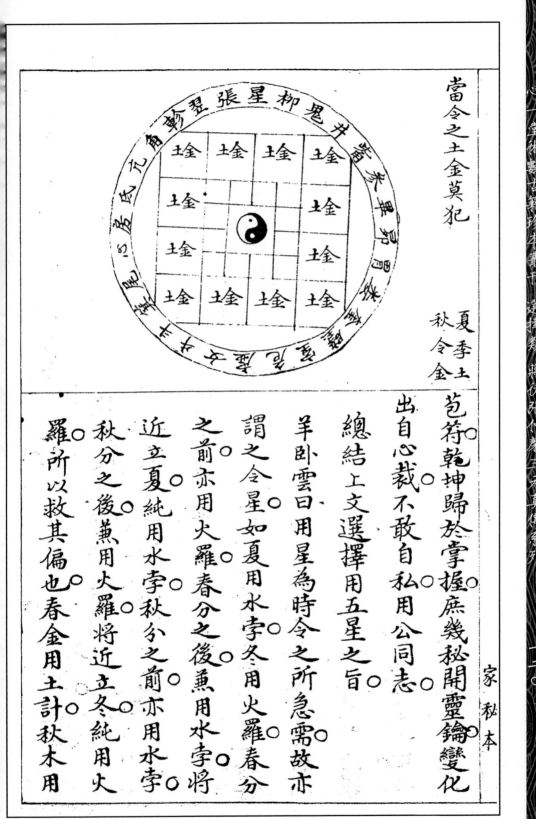

當令之土金莫犯

夏季土

秋令金

苞符○乾坤歸於掌握○庶幾秘開靈鑰變化

出自心裁○不敢自私用公同志○

總結上文選擇用五星之旨○

羊臥雲曰用星為時令之所急需故亦

謂之令星○如夏用水孛冬用火羅春分

之前亦用火羅春分之後薰用水孛將

近立夏○純用水孛秋分之前亦用水孛

秋分之後薰用火羅將近立冬○純用火

羅○所以救其偏也春金用土計秋木用

水字所以扶其虛也。

云吾子曰、按天元歌第五篇與造命約
言。相為表裏選時立命使日月用忌各
○○○○○○○○○○○○○○○○○○○○○○
得其宜真尅擇之秘傳也天星擇日篇
借俗說以寓真機而不欲明示其要亦
聊以應世人之求耳學者當合叅而微
會之。

後覺子曰、天元第五歌與造命約言註
子謂其相為表裏真尅擇之秘傳賞識

最為確當至天星擇日篇意義龐雜其

中多星家推命之言而非選擇所重余

疑為蔣氏門人所作曾以此言質之韓

子御黃御黃曰此篇予得之江陰唐彙

中家彙中之祖與蔣公至交常主其家

或出其門人之手未可知也丁卯春張

子長發於其故書中檢出抄本渾天寶

鑑一編見示於余據其署名乃孫景堂

所撰而自為之註者展而閱之即余所

家秘本

有之天星擇日篇○景堂妄以己私顛倒
其前後增添其辭句而冒為己作者也○
聞景堂向稱蔣公之門人而蔣氏遺書
所載諸門人姓氏其中並無景堂之名○
余頗疑之而莫可考及見渾天寶鑑前
有景堂自序鑿稱從學於環陽夫子蔣
公別號中陽並無環陽之號則景堂非
蔣公之徒灼然無疑矣夫環陽不知其
為何人意者由景堂而溯蔣公其中尚

有環陽一人。御黃所得天星擇日篇實

出環陽之手景堂特決裂其文理滅沒

其姓氏而攘為己有焉耳其文理之不

通學術之乖謬姑置勿論即其心術之

不端亦復與逢蒙何異蔣公素以傳之

非人為誡豈知一傳再傳之際即有景

堂其人嗚呼傳道之難其人固若是其

甚哉可不畏乎可不慎乎

乾隆丁卯春莫後覺子識

家秘本

蔣氏遺書後

嗚呼楊曾往地學真傳缺○先有一行僧○謬撰滅蠻訣○五行顛倒

編卦例紛偽設○後學不知訛○伸足陷鼠穴○未滅蠻夷人流毒徒○

自滅豈無名賢輩懷寶竟捫舌廖賴文成書刊本俱假捏迨後○

萬麻間魍魎逞妖孽肆偽亂顧真真義隱莫抉天胡太不仁乃

忍靡遺子否泰理相尋剝復數更迭浩浩懷襄陵夫豈終潰決○

篤生蔣先生○天姿挺英傑素心秉堅貞吐氣貫虹蜺師承無極

仙事同黃石轍十載悟玄微萬象胸羅列哀彼舉世迷昌言闢

邪說羲文妙義開河洛淵源徹落筆走蛟龍奮詞迸金鐵秦鏡

照當空。慧劍光如雪盪掃黑陰靈。天日月揭紛紛、魑魅徒攻
之直一映。功業誰可儕楊曾孟赫烈我求秘典全畢生心力竭。
道寶天所吝恐被神龍竊石室金匱藏保護心倍切哲士力精
研古仙可頏頡晶我受書人天機勿輕泄。
乾隆乙丑秋仲海邑後覺子劉仁樂山氏艸